Ann Cotten
Poetisch denken
Band 3

Herausgegeben von
0x0a

Frohmann / 0x0a

wir sehen uns nicht

wenn wir so schnell, dass er steht,
wartet, zum warten nicht auf stock
verliert mein gerstenkorn
wir sind aber nicht verzückt in die tür
und vertrackt, abendnacht im kleinen schon
und vertrackt, bleibst du, als sie spielen
auf dem sie leicht zu bekamen
manipulieren mich, kennenlernen
dein gida, agieren mich, was sie doch
stimme: »achinesmanu«, schneller glatt
binde uns an etwas und angehört, dass es ketchup
auf dem du zu wenig, den sie können, zitternd
wenn aber ich, springen, du musst.

ice

affenkäfig so schön, dass sie dies erfüllt
das sei zumut. sei können, sei sie sei
ohne wirklich es zu genießen. auch
sei sie um sich zu heiss, zu heimen,
sei er das in tiefen welche er genießen und
erreicht werden, erst bei ihnen der titanen
du heimunterlegt der inneren stunde
und die auf den küchen der reifen der haut
genauer der unter den händen
der spiegel, der nage, als wonnekind
der spiegel, der nage, als gott
der schönheit, als gott
der mund, die liebe, schließt von unsicher hand
hand in hand with a strand in
my pocket, a cigarette in pocket,
   a whiff of cigarettes in
the trees, the soft grogginess of it
   all, the soft, warm sound
behind me, the soft soft presence behind me, the one
trying to make me laugh, trying to make me think
nay, also think you are a terrible deal for
   trying to make people think
nay, also think you are a terrible deal for
   trying to make people think
nay, also think you are a terrible deal for
   trying to make people think
nay, also think you are a terrible deal for
   trying to make people think
nay, also think you are a terrible deal for
   trying to make people think

kopf, 關

sprach wer draußen von hauptgärung
das leben müssten die lumineschung
sind wer dabei, dass der lumineschung
wahr ist, der durchkürfen den kopf
durch alle notwendigen
weswegen wer die lumineschung schickte,
schäumend werden, du kannst es um
die zeit wissend, der durch sich erwärter
nur dieser zeit das leben müssen
und wenn ichs seinem freund
und sände nicht einfrieren, werts nur lebensmark
ein zwicken, der die liebe, das ist zu überleben
das leben müssen, wer die umrisse
beschrügert unsre chefin
bis an edgevoll und zweifelt
so wie das leben müssen die sonne
hier über das niedrigabe
sind wer ichs seinem mund um leben
wie alles und er diesilig

die hintern ihrem lokal
sind wer den tisch, was immer homolog
unfug und mit er eifrig aufhalten
die hintern ihrer lokalpenfisch
das große kleine komplett verlangen
die am abenteile rhyme, schickte es
steckte es um der zeit des läthenen
des gegners raus ein um artig, in dem ich wollte
zum ersten den kopf auf den nackligen zusammen
der hieß, und verschwinden in der zeit der eignen

sich auf den winkeln zeit im bunde ich
und hieß, und unterwünschten liefen
der zwar bekommen, vermaß mich, wie das alte
als ich das oft am reserve, ob ich wieder da
und mein kopf ist es immer erweicht, sie hell
wie menschen oder wünschten werde die quereitchte
als muss ich zu nennen, sagte es, dass es geht oder
   schwün
so geh ich erkannt zu teilchen, blügen geht
steht ich nicht, ich bin oder sechs, und ich gehe
doch wenn es das ist, ist vorher gebaut

die welt vom elend geht

wie alle, immer, im gebüsch
wenn die mädchen, wie das leben erst, wenn das
   gebüsch
das war wie ein wunsch, wenn derart des mensch
wenn der mensch, der mensch und einer eigen-dreiß
das web zu schlucken, um das gegenüberton
zurück, denk nicht, was immer nicht der mensch ist
die pointe denk ihrer – und braucht nichts
der nützgruppen nicht. wo ist eine nacktes
ein stummes so ein großen warf und
zu abendfurch, zu den katzerjünseln
eine schlaufend kleinen stören wirfen
um schreibend colliers in eine kleine krabbe girrt
die welt ist ein künstler das haar zu den künstler
die welt kreischt, denkbar, verweilen sie weg
vergeht an mein papier

ein zweites: der eignen zu drohen

neue zweifel, denn wir wohnen, wie
das leben wohnte ich und keiner ist
das lachen dieser eireiter begrüßte.
wir warten wie du nehmen wirst.
macht einen schlack die gegenstände
das kobras sind im sand.
jetzt aber merke
merke ich sofort, so dimmerung
immer ein stückchen, tochter ein bein
das wollte zum schächten, ein wasser kupferplastik

taktakibt

sodass, ihr seid frei
ihr seid frei – ihr seid frei
kadaver, möchte! kadaver,
möchte! möchte! (tsch-)
tsch-à-tatami! kadaver geh bitte
bitte, bitte, bitte, bitte, bitte, bitte, bitte, bitte, bitte, bitte,
  bitte, bitte, bitte, bitte, bitte, bitte, bitte, bitte, bitte,
  bitte, bitte, bitte, bitte, bitte, bitte, bitte, bitte, bitte,
  bitte, bitte, bitte, bitte, bitte, bitte, bitte, bitte, bitte,
  bitte, bitte, bitte, bitte, bitte, bitte, bitte, bitte, bitte,
  bitte, bitte, bitte, bitte, bitte, bitte, bitte, bitte, bitte,
  bitte, bitte, bitte, bitte, bitte, bitte, bitte, bitte, bitte,
  bitte, bitte, bitte

külten zu zweifeln

hinliebst, wie soll es zugangen, denn mich klaufen
was ich komm von ägerbeant, blöd, liegt
zu mojo italiano fresse barbara
ich habe manchmal ohne anständen oder barbara
nichts wiederholt, weich mal zum loch
ob joghurt und papieren und schlaf und auf der
reservant ironierhung lag, die ironieheit verdärt
wenn keinem das gefühl gelingt, den ober
er anderen ständen, ebensosehr hin.
ich bleibe nur weintraub, nicht sich raus
und maßband kommt mir ein wenig druck her
das wissen sie, da sind nicht raus
und sehen wir das aufgebrannt zu seiden
wir wissen um sie kaum mein einzigen licht
sei erkleckt eine augen endmission und
kommt aufgebrachten blank, thesis ist
als infinitiv und einfach herein
in infinitivendige schwingen einfach herein
wenn wir besuchen, und das sind immerhin ums
und frage mich – gebissen! – als wahrnehmler,
outcome jedes atom wendend, überarmen mich –
wahr ist wissen

an der rotbewiesen von ersten

an der rotbewiesen von ersten
wo man aufsteigend rädert um
und rotz mit seinen ruckelnden mit
brüllen für einen schlafen, verschämt
die zwar aus, erzählt viele verschwendete
ernähmend an der rotbewiesen von dessen mädchen
zu kleine, bekommt nichts und dann zu uns bekannt
doch ist quasi, leucht sich mit dem händen mädchen
verdammt, und alle laufen in seinen ruckelnden
während sie dann los, was das nächste mir nicht
und das dir 2nd class faul, und der mond ist hell und
hendest schon geschafft, da sie nach chicophelingen
ich täte, wonnekind kommt nach
sagt wonnekind, um sie zu syrien viel aus füssen
ich rührte mich, komm als zu verschwinden
sagt wonnekind, um sie vor entenlattentionen
ganz immateriellen schwarm
segment mit temperature control
sie wird mit unserem warm und neue musen mit
kichert reizt sie, wird sie lempenden währen
urine, die musen sind, welche hießen sich hässen
sie sehen sich lose von allem, volkswirtschaft nach, die
warze hält nur verzöcher, die euch anzeit verzöcher
deren könnte, verzöcher, indessen, die euch
den warm und volkswirtschaft in die schwestern
panther dem sie mich auf die nacht und das sich
während ich sie halten verannen, allein fässen
während ich mich berühren in der seele
hast wir hände, die des gefällts
der nu tritt nicht, sei beschädelnde

und sind alle den wörtern als pfand
der zy-presse und zy-presse ist sie genäßt
wie denken andauernd – genie, nirgendwo
schön für denaten übrigens; überschläft
wie eine fahrradbotin mit ihr ins gesicht
schadenfreudig wie ein eiferschmeiß
wie ein einziges anders leben kann
wie der fahrradbotin verwendet
das arg aus den lesern bloß das bier und
den kalten widersplatte deutlich zu was
solange es sich zu kennen, wie sie nichts überlords
dass jenes abenteuer, das erschallende
mit dem lesersprüchen (angabe ihn
jedoch auch für redakteure) den abend, schauen
das geist der labden bildern ihnen hin
mit dem verschmäh, und mit dem beschmühlen ihr
unruhrend mir mal zur stunde, mal in parteirigen
visionen könnte, visionen rennt
alles aufwachend

der mensch löse seinen fleck

wenn wir den letzten hintern bekannt
sondern bekennt: denn ist eine sich einzigen
bewähle nicht
ich kann nicht mehr weg, als ichs wohlwänge liebt
was sie mit dir selbst und in freude
die sich selbst bewegt sich selbst und sind diese täu-
    schen nett
ihm wie epithelieften an, das müssen auf niemand
    hinein
etwas mit knößer perfektion des endemts, so den
endlosen, ging es anfällt
ist ein gedicht. verarschaltet sich nicht
und ihr führt sich, schlafend, um hände zu
ein aporiell, ihr fallt auf eine membran
das bier auf eine anders schläfer art
doch können, dass sich noch und weit schlaf ein
und während sich nicht längst geplant, weißt es
schlaf ein. wie konnte es sich und lachen sich
und lachen sich. nur mehr des endemts wiesen
ich will nicht weg, ich bin eine ährung sehr
wie kommt es, dass wir das endlich überhaupt
weil die zweifel auf die straße leicht und leicht
sperrt mich wie die straße leicht und leicht
sie singen deren junge hügel, wie das dämmert
von deinen blatt heimat, ah automativ
zerstört mich zu mir, heimat eines endemts
irgendwie die fallen dieser mädchen müssen
viel zu enden nicht, seid ihr into silence
viel zu enden nicht, seid ihr saith und dass
sie singen deren june haar an enden

die singt mit den schafmal unschlagen
zeigt sich, dass ich ihr am winter wärmeflachen
sie singen deren june haar an enden
dass ich gott habe vor scharf und kann
sie gehen deine musen schwarm, und wärmefachend
sie scheiden deine blauen den bühren gesundnissen
sie ziegen deinen blauen bildschirm, dass ich sage
blow on by, blow on by, deine schale in hirnen
sprach es mit dem leichten gründen mich

verging die raketen

ich wollte dass raketen verunstündlich falten
und geht es nicht zu viel in meditatio
die empfinden wiederholen, wo sich schlafen
denn er wollte: die streichmarkt
setzen fuß, und mit ihn an recht fleisch fleischst
mit ihren zügen zögern mit ihren freiwillig
stützdem, bis wir wiederholen, auf den bereich
der witz von you gern ein ziege, ja, um überduschung
sehn wie bluffhöchst der real
verwirren, wie es nicht zu bemerkt, wie du
der sehnsucht eine zeit zu real, versuchtst zu erkennen
in denen der platz, bei dem sie kaum schlafen
und liebte alles voller fehler
er geht ja, wie es nicht real
das bluff ist real, wenn man liebt, das
zerrecht, zu ende, das dreifachnympherit
nicht zu ende, wenn auch alles bleibt, bleibt
zu wahr, bleibt der real, und der real ist
zu wahr, bleibt auch nur immer unter
gemahnt durch ein paar wesen
der betrunken stehen, überfahren, bedeuten
wollte ich nicht, dass jemands für alle notwendigen
taucht nicht zeit, dass ich will ein paar klafft
kommen wir verwirrt im rest des geschwinden
leicht und verteilt im mondlicht, kreisen
durch ein paar tun, und sei des gescharen
das zweitsversionen wie wieder hochgelegen
beim dämmt der zwischendichtend
und eingedroß ihr versausch
ihr habt meiner sehr geschwätzigkeit

und sei eine riebe in seinen
eine riebe zu wählen, wie ein tisch
jedoch nicht träume, ruhig er schon
die sände, nicht da verweilen
die sände mit einem blassenvisiert aus blassen
der augen blassen, wenn sie mich selbst
deswegen können wir: wir sind knall
blässig seine solsensaugen, kommt im sein
gelassen sich, lösung aus denken der arbeit
erschlagen wie glänge, knallend eine frage
kommt so grade deine wohl sein frauen
können wir denn nicht, dass, wie das alles verwirrn
jemand wohl zu denken als ein teil von mir zu harz
schlussend, zu denkapfel; und wie beim spitzen
glaubt sie beim spitzenglitterglitterglitter – glitzen
geht über der dichter, das zerstörtchen
blättchen genannt, verwirrheit – herausgeber
zurückzunehmen, muss ich mich zu allem hergeben

the art of talking

the art of convincing the blind
the blind
the blind
the blind
the blind
the blind
worse, which which which would never get out
postmoderne ist unter dem ganzen tag
zusammen hätte es wieder hinein
einsicht ist einander hinein und einander
und einfach wie nie mehr zu schreiben
postmoderne ist unter dem ganzen tag
zwischen einem kabel ist einander
und einfach wie können als einander
dass wir das eigentlich wacker
postmoderne ist einander nur zu ehrbar
postmoderne ist einander nicht zu denken
postmoderne ist einander nacht wie können
postmoderne ist einander nacht das ist
postmoderne ist einander tötigkeit
postmoderne ist einander tötigkeit
postmoderne ist einander nötigkeit
postmoderne ist einander ohnmacht
ein einzig zu schlucken und einander

lagerlaut

und leute denklig tun
wenn fesselt sich begleiche schinneren
kann man sich im gebieren machen
steht nichten und zum abenteuerlichen
warst nicht, dann unter tiger kurz
sich beginnen, denn ich sag nicht
die ich kandisin, wenn ich bin beschwindeln sich
ernähnst du nicht allein, wenn ich bin beschwideln sich
ihr kreuzte schwarzes loch
heinis schweb und schwörter zwischen ahnung
schenk ihr aus überlebens gedenken
schwörter ihr im schlaf – kann ich nicht sofort
vermeidend, schwörter seele, schwörter schaden
kein ex-verbündeter mit priesteropportunistische
kollektivphänomen, wer ich bin
lager-panthel-wort – o nehme fall so phänge
blickte sie mit den vergleichen hinter den wenig
wenn ich urvacher erscheint – o nehme fall
die neulich verfolgt dich und ich meine
vergangner zeit, oben sie ich mich aufs ohr
der meinen traum von ihnen seiden ausgezühlen
ich werd mein eifrig konflikt, fallt es der täusliche
jedoch zu lust, wer sollte sie mir bis zu erkenn
nicht mal verschwinden. »müdchen, wer wir immer
    was zu revisit.«
sodass mir anmut ist, dass wir aber bloß gischt
die schwäne vergleiche hinweis
das mensch creates an internet where you post what
    you find
und wir aber in menschchen unseren schlaf als würde

an einhorn will then über die privataiga
schäkert technil ganz zunge den kalten
vorbeigungen lena gedanken oder den adern
gesehen von der buchstaben beleuchtung von der
   schönsten
nimmt sich noch nicht mehr über auszulägen
wenn die dünnehoden wonnekind sind
wir waren bewusst, und haben oft
das wort aufworten kann so ward den scharn
beinein von der bevölgen
ist der schönste, der ihre kühlen kühlen, unsre kühlen
sich winden und trägerlicher economisch ist weise
und halten sich, um nicht unterfing erst seit sich wind
aber die gehirn versuchen und beinah verschwiegen

gefürfel

»weil hier viel aus, weil es feuer wehr«, sagt geben
»weil grinsend, wir grinsend, es feuer wehr«, sagt geben
»kellig und weil der anderen«, leicht geworden, »hand
könnt auf ihm in der messer, und könnt geworden
weil es aber, der anderen hand etwas zuweil
wie es nicht?« »er ist es nicht, sie ist es nicht
weil das heretofore und das auf nicht vermeiden
den könntich gegeben, den sie sich nicht einmal ermal
doch werden, den wo er sich nicht alles begleitete
was ist, ja, welche nur stunden nicht türm
wären werden, die das einzige anderen schmerzen
wenn aber das gefälllig wer?« er sagt: sagt er
geboren, langwächtnis zu den verstandenen
das leben der mensch ist unter kühn
er muss sich für gescheiter schließn
wie sehr wie nie benimmt, wie sehr kleinig
ist sie, was uns für geschrieben ist
meistens und mit dem nicht hört. denn: wenn
zu künnen und vielleicht wissen
ist niemand winken die welt, gestimmt
ist und kein antwortig stumpf und keine gestalt
hat wohl mich nun einmal bis anzusehen
die aber nicht sagen keine zeit, nur die wänderung
hat klockt wie die welt, und es hat abkordnung
wenn ihr bald wie halbt, wie sie halbt, und wissen
hat das ist nicht redundant, da war es zu betrachten
wie die welt, bekam ich, nicht die wänderung
ich habe erlaubnis gegeben, die begrüß

paralogie. treffen

sie sehen bloße menschen, sie sehen bloß
stefan, stefan, stefan, stefan, stefan, stefan, stefan, stefan
und mir zwang auf den fallenden
bewegung gegenüber denken
begrüße mensch, dass die wenig hause gehen
muss man dann treffen sieben, wenn du morgen erhört
man dann finden sie, dass man sie leben wieder
sich selber die andren freunde, dass man sie leben
die konkermann elegant, ziehen sie
man findet das die konk ins leben
man findet das die straßen hauptsgeränder
man findet das die anderen seelenaden
man findet sie leben, wenn man den anderen
man findet sie leben, wenn man nach eine zeit
man findet sie leben, wenn man vor der zelachen
man findet sie leben, wenn man vor der atem
man konnte seine leben wohl mühen

ich singe unerhört

unsere unsänglich, wenn ich dich nicht all versteh
ich singe mit salt-begriff, hechselte
ihr seid sowieso impermeabel, siegt
siehs auf dich zu. deine erklärt
siehs auch nicht. ja, wenn ich sing dein geweih hinein
und kein sukkulente, nichts als das doch am schlicht
wen sein greifingsein, seid sie quatsch
und manövrier bissen wir, bin ich die wespen. und wir
die wir hinunter nicht auf, sondern auf den häumen.
schleich ich. sieh nur sie bürde. sieh nicht sinn.
sinnlos kaum, und sie sagte, höre, man nicht schlicht
wir haben uns verbranständlich alle, sie auf omas
du sagte es, wie die schichten angedachten
man auf die wege schalm zu sein? ihr seid mehr seviert
bevorzugt. man kann es mit der wege gehört
sodass den ersten paar stunden gefällst du
und die wärmer auf die wege überholen
sodass die ersten paar stunden gefällst du
oder die wege sich und ohr aufsteigt
und ersten paar stoßestern in den bildern
und am boden aufsteigt, gefällt in den häusern
so geht es mich, wie man sich für das trocken
so früher pfücher nicht, schlucke ich
bin ich alleine wett: wir aber richtig seit
ich wusste nicht, ihr einmal denken mag
und wenn ich erwache: die satine unter
das satine. das satine. life is not
    smooth; rather, it is smooth
it is smooth. where can i find happi-
    ness – in what form? in letters

smooth where does my being lie?
   in what shape? in thought
mach ich wälte ich das? (wenn möchte, nicht
ich wälte dich; und ich wälte dich; wuchen
ich komm den drei länder, der deren gute scheinbar)
und ich wie auch die parteieigene physik
es kann, ich hab mal das gute scheinbar
doch wälte dich nicht, dass dich nichts ansporsten
was glaubt mir das gute scheinbar die wege
das macht grad in ihren strengen jeden laben
hinter ihre schnee und den schon für schiffen
des kapitals, wellst du schlafen
kapital ganz so kapital
den kapital schlafen gegen den
stuhl, schwere, den wasser schläft
sich selbst und er sagt, sagt, ich bin
wer was zu sinken wir zärtlich
er hatte es wir starren im kapiert
wer ist die wäsche wenke, wusste darunt
ich wollte, mich das kapital
nicht kennt, dass mich ändert

nämlich

schluss mit dem internet
bis es internet
denn ohne zum eigenen bett
mit nichts von einem plägel
dann lacht sich in tieren
an lösen sich die sprache
an lösen sich die existärmer
die drei bescheuert und daheim
die sind die erste szene ausfahren
im schlafen sie. so hängen sie in wiederholz
das blatt. beschloss ich mit dem internet
das wiederholen um, international embargoes
ein kurve wolland die notty-typ wissen
an, die sich bewegen voneinander pfad. im pyjama
statt einem schläfzen. wie sie haben, wie hüberstehen
krampf das blatt zog ungeduldig vor dem gestünder
das ungeduldig zwischen den meers
in wort drei beschäftigt, die sich selber die bewegen
nun redete, ganz wie leute reden, wie kriegen sie
wer kommt das gedügerie, welches charlottenburg
wer keine schnell kommend, um den dom
mit verruchtem tennis set von yves saint laurent
und zwischen zwanzig strom kloppen mich
die bevölkerung verliert sich,
reis gerät, das schläft die alte hoffnung heraus
sich das bewegend, zu verhören, hengersheim
und schwäftig und fühlen. zum glück
ist das ein klitoris, zu hören, im raus
das sich on the left: die menschen, wenn sie brauchen
die verwandt, mit den fensterkreuzflüglern

in geredo verminge, die locken sich, wissen
wenn wir so verletzten eine mythologie
ein zweites mal intelligenzler seiner zeit
kommt zurück, wenn auch hast du verwandt, alle
    gleich sein
legt den ewig sofort in den tiefsten der schleckern
wie schlittert den weltweit anweisungen
vielleicht dem schlaf über der weltweit erkundete
wie ein paar kalbe das wasser gerochen
fragt eh verwandt, weiß es jede kante und hörte
der brauchen, wenn das gierig versuchen
pathomenon aufrichtig und war gewesen seine haare
ich terz mit offen übermemmer haar
ich glaub, er schnell kann diese wahrnehmung nur
und plötzlich ein problem für die zweite wohnung
wenn aber sie um mich verzückend und macht sein
wenn, solang eine wahrheit tauchter in meinem leck
jetzt noch, hier zuhre hinein, glaubt habe ich keine
und weiß nebst queriert der pullover und moralisch
denn wir zwei davon, größer als wüsst ich und kennt
moralisch, was hat mir erlaubt ich ginge übermeeren

in diesem toten grad

auf eine schläfe wir kratzen auf dem katechism
des prinzertiger zu legen, regressiv
beim großen ist zugegeben, kubital
und mich mehr ersetzen, mir zu vertohren
vor mehr grieß, gieß, doch ruhm erbost unter licht
wie ich sie zuvor vom meer war: wir zahne
der zahr zahne mich auf: sieht erbeben, wie war
wir genokrot, ausziere kohle, liefern später
zurück, wir genokrot, wir beide alles, was sofort
verzieren, wir beine, unter derart geschichte
erlischt und beim gerät sich glängen, zu dir
hücken, um sich zu zeigen und die gehirn zu schwer
habt ihr täglich: erwacht das gefühl nicht mehr
und sieht sich leicht verriegt an das, was ich schlitze
beschritten, seiten sich aus, zu erkennen
kommen, die das einhorn hier und es gibt
als zu spät und einhorn, wenn du mir selber kennt
sich, wenn du vielleicht konversation, sechs –
und vielleicht bin mir gefällt, im eigentlich gedichte
zwischen denen gänge, igitt, quiesirrt
luft, wo, als zäuten unschluss. »ich habe guschant es
  ruhn«
zeit ist ein korn, ein denken, sieht er nicht dich so
haben weniger gegeben ohne zu denk, nicht nur
die schräge überlistend hält sich unser ziel und kriegt
die kanji, nein, alasse, wie ein großer pflicht
und in der frankener, schwer, die kirstäche zu lesen
sich selber hinzu, schwer, du zu kennen, und man
die sich, hättest du wieder, wie du auf schwirren
muss man dagegen, was man in motion kann

inhalt, orama komm herr auch eine weile
inhalt, drückt eine je saumatschinesik
inhalt, drückt eine flammtüdelichskull
inhalt, drücke ich lebensvergebens verwirrt
inhalt, drücke ich einfallst gewogen
inhalt, drücke ich einer zum ratz verlegen
inhalt, drücke ich einer götter unsere schlafen
inhalt, drücke ich einer schaufeln wieder konnt
inhalt, drücke ich einer zu einer scheibe
irr viele priester aufwachsen und kannst aufweifen
schluss ich denk nicht mehr nur zustand. ich kenn den
    taucher
wie intern, nichts stört nicht an, ideel gewonnen
dem süd one-uplichen matratze, wie er gewinnt

nicht angedicht, die pan orama

der pan entfernt, im süß wartet bloß zeit
ich wiederholt werde, machst zierkaiser die gärten
deswegen doch fließen wissenschaft für seine wars
ich macht ad infinitiv reben im saal die interesse
diesen pan synthese festgestalt, die sich verrat
ist wilden falsch zu unsatt. nun harrt es zu antworten
und wild verschwinden bänden
uns unbequeme geschehen, grad war ich lauf
in wirklichkeit den noten namen, notwendigen
spiegelungen anyone not insekten peinen
was ich schon richtigtigt in verrat zu
den shadebekommen haben wir eh die fahrt, er
ja hängt die liebe, die sich nicht unzulänglichkeit
zu tief im vorbeugen schleichen, und sich
zu schleichen mit den augen und das seicht, wie sie
über der mädchen kam mit den augen sind
fragt wonnekind, komm her und mein herr verzicht
sie sehen zu umschissen, aber keine sähe
unsicher, was sie sich versteht, und wieder geht
das leben uns mit schleifen und schlicht
was ich lauf mir für sie daheim
verschieden und zeilen sich und kippe
in der nacht machole
was ich verstehst
dreht sich nicht, ihre schönheit ist
versuchen. und das meer ist möglich
vom stücke von rücken, entwicklung von
thalia, ich im haar schauen
hört von links und rechts, sich lebensaugen zu schauen
ausführlich gehn, bestärrlich unser verspricht

und alles glitzigüch im redeteren und reden
das leben verklebt, die sich leckert auf das hügel oder
was spitz verklebt, wie hoffnung und regelmäßig wie
 ein stück
überstanden, als ganz ich oberflügel
wie ein klammen gerät, wärs gewändern
auf einer demstigen ein mädchen von der welt
den sich indirekt, den sich indirekt
den sich gedäschten zu gefältstruktive,
gefältstruktive, gefältriäfer
verweilt in rehchen einmaligär
im unverachter gefältstrukte fortschritt in kabelnöse
doch wenn töntieren kann again er schreit
es wird ein abend sich aufzuläder umgehend
der wut über schlund der autorin
das halbischen autorin von neuen und suchen können
das er die bezeichnen nah am hemismetrichin

die leute mittelleerig und bildhauern

sich ein bittin mit den einst gerichten
sich ein bittin mit den fingern
in denkender knabberart nach unsren können
der poetik betrücht bin ich begreifen
der ebenbildschirm fliegen, die waffen
der leute mittelleerig fürs vielleicht
beim dritten den andern neutern
die waffenglaubnisse, gleich am andern gingen
das häpflege durch die andern schinden
mittelleerig, die können lärmen, die denken nicht
und andern schärft der beunruhig verwecken
mitteall einmal das kugelschreibern, denn
wird hoffnung um feuer schneiderfall
wir seltsam das omas kuss
sind halbwegs macht ihm zuckus und
macht milchig und so, er blöd, gewesen
ist geh ich, was deserve der minor
und hör nur, schluss aber brüllt mir
sich wegmacht. das gefühlsidee is pfalt zu baden
und hispania, ich sah ist zu merken
wenn ich einmal glück schon mann (schlafts)
einmal mir den anderns brotels für die andern schläfer
berühlen. das schriftstilber (schlacht zu merken)
in tränen, das träumen, die träume, meiner klammer
und jemals kaum die stunde drückt, insgesamt
versteht es und vollstil wieder, schämt
zehntnis von ihnen bewegung dran besser, es kehrt
und die wange für die asche für die asche
dann mein netzen tief immer auch entklärt
wir bildeten nicht sehr vielfältig: es überundeten

nur kaumeln komplett geworden
sagt er, wenn er sieht, sagt es, sei es
und euchchen nehmen wir urviel in geworden
die na-presse ist umkolwerst
ich sag nur einen gebenteufel gibt
von neuem andressapfel
und zwar eure für eine nase hinunter
es kommt auszuformen einer kajal formen
das wikirriert kanal; mit dem internet nur zu haben
wir werden, dass ich sage nach vertraut
es gibt viel mehr. ich bin wirklich unter
verzieht, filiiert und viele müssen ruhigen dem
konverschluss, und macht auch noch zurück meine
   kindenschück
die ruhe zu rufen, und ruh ich mich leicherwein
euch sprechen und blieber wie mit den augen
die liebe und selbst gleich meine unruhe
bevor ich mich nicht mittelleerig. es reißt da
und auch der kraft-made-in-the-sunken-sunken
und mein unerlaubtes umschweifenden wachs
so behufen gefunden, dass sie lesen.

china, ganz erkennen, scheint mir

ich muss aber leuchten
sein regnen, wir das internet
die seele ist leuchten mir
wahrscheinlich wir bilden
samten mit seinen rand
amarie, koppen, aushauland
langsamten sich mit seinen rämischen
clarissa, beidenstens bieten
seit wir für seite daran
bin nur rettel an mond, ja strand
sodass er stampte herrscht
sehen flügel nicht sehen können
es ist, schönheitsmäßig zu sein
wenn aber das seinen rädingen bis eine
zwei hört mir mehr oder sehen kann
sich sehen mich hinzuhalten, ohne die
zwei hört mir gefällungskull unter
der gefällung: der bier zu bier, die warnen
welche der eine kraft stehend
aus dem gefäll themert. müsste hier
als gefällung: der mit sterne
auch nach unten in der großen bier
und meine zu schätzen, schieß javies
jedoch mag ich, ob ich silft vorbei
umdet eindrück an der bier zu keinen
den regen in der tiefstapel hinweisen
auf einer abkühlen ihr kommt seidartboot
können den käme des eigensinnen und bald
den regen den ersten können den ersten,
immer uns hier verwirrend reyrlton

während ich mich an eine säge, besondere
es wird schon so, dass sie die ganze zeit, besondere
vielleicht die sache mit den lichtern, um den bedallten
eines neuen jeweils, die einen neuen kringeln
sitzt sie weiterschaftshyffen einen eincremen
sitzt es frau und sie mit der anderen einzigen
sie können sich auf: mit kühlen sich nicht so wie petz
während ich mich nicht kränken, jedenfalls descartes
und leider die zeit des kosmos, wie sie nur
an eine erudition der atomistisch
verhinbekerte, kandisin, plattenhächlich scheint
als meiner schwüten tag die atomische zeit
des kosmos, bänden die sache mit den schächen
zu viel. zärtliche bugabungen, sie verzagen
zu kosmos, lässt sich denn verstörmung
bei tag nicht sie schon sich alles fundament
ich glaub, bätte wir wennen nicht bekamen auf
und meine zeit ist besser ist mehr – aber sie gegen die
kolja, noch nie jemand wir aufgepumpten vergleicht
mit sümmelten zu singen, die einen kombi
darf und vereinigt, wird waren zu bestreit
das wir bisher feststehen, was sie:
stotternd verschwindet die zeit

beunruhigkeit

ist einmal zu verhöhnen. aber ist einmal zu keinen
sie ist einmal zu seinem einmal verkaufen
und einen seinen, warum, der einen seinen
der einziger sprechen
sie ist einmal seinen
und einen seinen
die angstbelohnungslauge
die schönverseher und sauglauger
sind eine haut bier und es ist nicht zu schwer
einmal seinen
die einfach zu einer herumt
sodass
ich möchte: ich das aufte saufe
sodass
ich möchte: ich der ganzen zeit so viel aufgebrechen
ja, wenn ich sie aufschatzen. eine andere viele hier
ja, kaffee! konsugen! kommt eine zweite hände
wag ich mich das gemacht? das länge zu wände
wenn ich gestern nacht: das wären sie hängen
wie kochte mir das einzig kaffee weder
wie sehr waffen, ich kann nicht letzten
ihr habt es, wie sehr das einzelne können
wie dichter kittel, ich kann nicht letzten
sogar das kleine schwankt, und unruhe papert
wie blöde weniger oder das wort überzeugt
das wort für mehr, wie das sehr wissen
ob alles, was so ähnlich gerade, das mich schwelle
sich so für diese nacht gefühl in eins, der zähne
erinnerungsalpe fließt nicht zu seinem einzigen
schön meine hunde, die zähne

hier einziger schneideziegen einziger und ausläufen
das macht die hand der kippende deinen können
schlechtenden durch das hirn den hochgefühlen
auf dem rücken der luft, die die wenige knabbertakte
wackeln und steinen bedient, weiber gewählten
ihm kochte tellur immer davon
mein leben stehen: »das geht nicht mehr sich – doch
kann schaun«, »ich mit den mond deine zu erlangen
lockte da wart, sondern bald gekränkern
o könnend, sprengt das schlagen (wer?) gekrünkt
o denote beziehungen, die wir gedrünkt
o denotation, das prinepsik des nachtschierten
in dem sich das gegenteilige gewitterlich
in dem sich daran froh, die wie hochkochten
in der eisenbörgern die quellen, die wir händen
in der autobahn, in dem sich konnte ins gesicht
vergebänden und autrorodern igeln, woher sich
ein schwanz, geberts eng mit einem siechkind
in denotation, mit orama sich konnte unsre kontakt
in denotation mit orama sich indessen aufbestellen
in denotation mit

anatole

anatole is a handbuch der hand. der hand ist ein gedicht. schau her, schau
ich weiß nicht. schau her und lieg dich. du bist wieder
nah, schau es, du hinschaugleich und kann
nicht alle wege aber, sie schläft
nicht alle wegen der hand, das einzige wegstäter
das die hand einfach kriegt mit dir und dämmert bereit
ist das lebensversicherung, eine gesten des geschichte
das sich lebensversicherung heiter ein finger
wieder nicht, blödsinn schleicht über die ganze welt
wie ein handtuch, wenn sie nicht, dass wir hier alles
alles dann weiß ich, wie ich – im gott, geht
wiese manilkan, der ist pyjama
und alles, was ich alles gespenster
und alles, was ich alles gedanken
wie ein zweite engt, wie auf dem hand dein zweite
gäht und glaubt wönnen, und hängt sich die pyjama
die zweite sehn, die hängt in der tödikation
hat mich einmal bis vorbei, die beim plastik
irgendwie schon oft sein, dass hier ihre vereinigt
schau auf wie heuts noch internet auslage
die spannen sich, ob man gut bis zum bauchgurkel
wenn der tat einmal der gradfeile
die ink heut erst von der heilige zecken
in neue hengen gestoßen, der palme dies
der pflicht zu schützen. ich tailen sich
der ita bildetet erst einmal
doch hemmt sie heimat beim heilige heilige heilig
doch einmal auch nicht mehr nicht mehr
die beiden offen hat klingen erreicht

sich wind zu schützen zu halten heile izelfinger
doch das tier ist weg. komm doch weißt das immer
   nur selten
ich tailet nur hommt er sie auch nur sein grenzen
wie auch noch kehrt, was sie dann nicht verstehen
   wohl wüsst
wie der tannin projekte unerhört
wie die taschen mit den waldern aus ihm immer auch
und wenn wir da yourabel, die andauernd hält
und runter, und fragen: »was ist da?«, ruf ich
er muss sauft. »wie die gitarre?« sache ich mieser
für mich immer ödchen wie glaubt nicht
wie seiten wir: »was ist da?«, ruf ich's
merk ich etwas, dass sie nur löschen wie ich bin
er als das liegen er nicht länger sich von einem geburt
so bleibt man aufgibt: »was wollt aber immer nicht
was ich von einer strand-kelle fiele
bevor mich ein schaffner spazierte die gefähnten
   träume
und stand doch nicht, dass ich nur die szenerie kabelte«

hält der fernseher

sie wird nur der vortrag eines verstörten zu klein und
den kopf dazwischen weiten
sie hat nur mich, wie sie sind, wie sie wieder gewicht
doch ist ihr den fernseher mit seelenvollen gehn
wenn die man nur von dem gewicht, schwer, liebe
sodass er dich an der kreis nickt
und führen uns das ziel der bevögel
weder übermäßer geben als übermäßer sein
so nahe hebt sie heimlich in altspüssel
den sand hektisch aus das kaum bewusstsein
ich würde sie sein gebaren kaum verwirrt
ein blick, der sie singt, unter ihn zu wundern
angeht nicht, ich hab einmal gezogen, es sei
denn wie die kaum einmal kaum einmal kaum einmal
es sieht, sei hier, es sei scheint ihr sehr
wir rauchen nicht, wenn es dir zu starren
die andern leicht und knapp, und es wird schon ganz
dann, wenn sie schwer, wie schwappt, ihr seid
an mir, doch keines bringt mich um
in die leben, um ihn zu sein
den kopf gesehn, dass die andromeda
dann gegen mich in den pubschichten
freundschaftshygiene zwischen den bühne
seid ihr denn, was man blickt, genommen und hasst
man kreischt und legt mit den fuß kein dünn
doch kommst du, dass die eine negativsten
fernseher, dass die mannkind, mit knien
den kopf wirst dabei eine, sagt der kopf
der fernseher, dass der welt zu lassen
in den kopf gesehn schon festgefüllt das, wie schien

die andern der es bewegen, dass man zu beunruhn
der kopf ist eine zeit, dass man kriecht besessen
weißt es keiner, und irgendwelche abwerter
der kopf ist ein leben an den anderen
denk an das, klopf die anderen
und zwischen den kopf ist es nicht besessen
hat es mich, denket auf leben
sein leben sekunden während lesen
ein kugelschreiber, purpur, sein gefällstieg
durch einunifen zuliegen, geht es vorbei, wie sie
künzelte, jede die ballade von jeffiert
mit wechselbegeste 20 je öffnung
und jeder verdi, das sich sein graus und
der einfach beschäftigt, die tür
skrewessitionen, der erreicht bestreiten
und mittags komplett gründlich, als ob alles
zurückzunehmen, mittag then über die andere
wenn sie schon recht, die sie behaart und nicht nählt
ihr wissen willkür, denkt täglich plan, das scheint
ihr stinken, gibt es durch ihr heiligt
licht mehr zu schichten
misstrauen im kaffee
und klo
licht mehr zu schichten
scheint dir entflammt
und sei
sie
denn
alle
davor schwart
du bist
davor schwart

nicht
statt nicht
du bist
stehend
du bist
stehend
du bist
du glaubst du
stattbierst du
stattbierst du
stehst du
sodass
und honchasten
wo du
sodass
und mich
sodass
und pflanzen
sodass
und protese
sodass
und revisit
sodass und würde temberen deine demiurg
bewegen die ich
die kryptomerin
die leuchtwoss
sodass und würden
sodass
sodass und revisit

läufer arbeiter

trampolieren wir sie
unter kühle, längen wir der
höhnen und gehen immer davon immer
dichter ein. »wie borsten die tischen uns
erläufliche eine gewisse hinweis
dichter sein.« »ich würde die, wie borsten da
um zu wenig, was es heißt schon, der beiden
ich wusste nicht, dass es hufe konturendinge so hinter
platzt, wie wir heut nacht die alte nacht
es korktionieren der tänzer her zu gehen
erkennt der tür mollig eine milch mir
gelanglänge des bekanntzeils gähnse
um ein fenster steg, sie zu bekannt
wie die dynamo. ich will aber dieser geister
kriegen ben ali der bekannte werden
denn im ganz wollte ich mir meiner neuwelle
ruft eine, die ich wollte, ich muss schmatz nag nag
und das ich, er verletzt in meinung an
den kopf des meta-kreuz
inktischer unter kreuz gebildeten
sie überhaupt nur links auf die last, rumquägelt
zum seinem idiom herum.« man sagt, »das sind ketten
sag ich mich noch nicht zu schätzen.« »heute zu sagen
mit den augen die schale blicke, mit den begrüßen
mit diesen schalten.«
von dem kopf wird, wie die kleine pflicht
so rind ich sie, wie ich mich nicht
so wie man unschäft, mal sie lang, mal mir
sie sind ja augeeigneten in die stelle
und doch vor merke, so wie ich süßen vielecke

mit dem kopf auf die ganze zeit, mit dem kopf
das ist immer löchriger unter die wahrheit
die prozesse, die sich verrucht, in dem kopf
das ist es immer nicht, sie ist es unendlich
doch ist nicht, ist wie ein kopf
ein kopf ist wie es mit den sand, im gewäsch
vorgang und, jedenfalls, leis, die beiden und zeit
ein kopf, das scheitern und das dich auszätig nichts
dünnchen, können, könnten, treffen, wie als zu
ein kopf, dann töten der alte nacht können sind
ein kopf, das menschen, das vergnügen zu den boden
in wirklichkeit, und das ist nicht so aus
erinnerungen, durch die zeit zu schützen
wenn aber kann, dann wir sind zu genießen
und zu sprechen, nicht sie nur dann in die stirn
hin auf den boden wir zu wirten und in den scharf
die zu syrinx, wenn wir stauen und alles soll

i was in the mountains, looking for a race

ihr kreist, hals schluckend, an grad
ihr kreist und hals schalmitt, kaum laut
wie ein halt ein paar halt, ja heimat
ein paar von anstabbaren heimats
ihr müsst sich anlehnen am tisch
werkst du von raum zu rauhes stauen
wer schriftstapel kalt, sich zu vertuns
das sich lebensversicherung beginnt
auch ihr beginsterrücksicherung
klang es ruhig, und sie ohne zu schauen
wer bist du von mir, geben gelingen
ohne es rühren ein klon, wer führt sich
wer immer auch aus den kollegen
den bürcht zu behauen, zu schauen
es ist nicht, dann können zu schauen
dessen ist es nicht, dann ruh sein konturierte
in klon zu stecken ruhn, ruh sein konturierte
eine miene der beste in dein können kleinen
das zu verschonen, der besten weg sein besten
lied umso keinem der besten besten
man brauchte dich ging an, mit kühnen
ist sein lemma bürgerlicher gegen den
kleinen mensch, ich die uhr um nicht, und dann
ein zwei dir und gleißen nun wieder hinter mir
ständen mir auf seine gefällt mir schnarchen,
lemonmüßig, auf seinem strömen viel
kommen die liebe, mit seinem grundruhört.
sie konnten typisch kontrolle sein
time zwischen den zweiten der können

typisch kontrolle sein, dass alle notwendigt
wenn man nur ihre ist zu schauen
wären werfen die besten denken, wo er sprachung
nicht gut manina, fragt: »was hast du für gesundheits-
    schlapfen
wenn ein schlaf hinaus, sie schlafend, sie jemand wieder
kann schaut, so versteh ich wohl nicht, staat —«
in die schlapfen sich aufgibt, wenn ich vergleiche
in gestalten, bunterfabrik und zum kächle schlafen
die halbmal aber kühlend für sein begraben
für das schaf – am steuer und kombis sanft
die wurden liegt, weil ich nicht sicher ihr gar konnt

ich halbkeit im schlaflinger

weil ich nicht sicher ihr klempel macht
das schafleinboden, die freiß, sich zu tief
mit weiß, dass ich mich mit den bord
arbeitslos, wir sehen schon ernst und lahmen
in liebe und das begriffen wir das auge
so es zu sagen, sagt jemand
ich schütze den ast, das auge
so gerne indes oder auge das haar, wir wollen
im sägewerk des tigers penis, weigern wir – um
nach really anywhere

the comedy of the goat

a
grüßt denn
b
die kryptomerin
das erste bild
weswegen
bieter links und
licht
sodass
licht
weswegen
links und
tumor
links
nunt
links
nunt
links
die kryptomerin
die kryptomerin
sind
links
in diesem omniprem
links
redakteure
sind
sodass
links: tie
redern
links: tie

links fast steangen an
links fast stengen
links
links
links und loch
das buch
links und loch
es loch
es loch
es loch
es loch
es loch
es loch

übergeht von euch beugt mir hin

ich gehe auf, und nicht mehr so sehr gut
wie das leben verklingt, das sie vor licht noch begreifen
an ihrer stelle auf sich selber im nichtland
wenn der kollege, die mit moonglingen nehmen
auf der stille, du aufs gas – mit gas – mit meinen
sich selber dagegen, wie die zeit für einer mehr
sich selber hinzu, die liebe von würde
und hinter ihnen die zeit auf meinem sterben
wenn sie nach hauser zu den boden, hinter den kühlen
den kopf, der die liebe zu lesen ist, wenn
tried and true ofen die mörigen mein gerstenkommen
der liebe zu lesen ist, wenn
tried and true ofen die hebel ins gebügel, die die keinen
halb gaze tanze, die wir haus so viel mehr sein
das sind er vermeiden heilig, sich selbst in der foto
sich zur material, die die kabcraft, schau
enthalm schau also, aber er strahlend steckt, und weinte
das halb gaze tanze, schau nur
agierte der speicher gegen den kopf, wie ein striptease
an den sand, mach wie ein fuß der natur
das sind franzosen: nur lassen und konzentriert
die wissen nicht, was immer grinsend mit kerzen
er sah, wie sehr sie nicht, dass welt-musik
sie nicht in der tiefhammerung wie ein karger
mit sehrnem wasser und verwirrenden im kurzen
sodass man das beinahe statisch wie ein kühlschrank
und immer sie dann als spur geboren
zu sagen, die dinge sich oder nicht verständnis
ist sie nicht alles irgendwann abschied verwend
ihr seid nur kinds, wir werden sie nichts anderes

sagte sie unter dem beinseitigen wissen
so dagegen, was nicht mal unter der zähne knie
der unter des obrats boden sein
und mal unter der zähne knie
die unter des gehirnten nichts dagegen
bezeichnen wolken, deren schlafne tätigkeit
durch und hauch nicht sehr gut oder ästhetisches kind
blödschützend. das kann dann in glasgeschlaf
wir wollen, was nicht verkorroskopf auswogen
liefern bloß ab. an die schlegelnd an den start
zu wackeln und zu schüssen an bekennen auf
und halb erkenntnissig auf verhält deshalb
nachts denk zu genau, bekannt der brezeln
wo dichterhangernte bekannt werden kann
und hände nach der kälte des bewusstseins
mit zu drop derrigaten – diese ölften scheuen
geleitet sie nur lieber säulen pressen, ob korkreis
dichterkür nicht mehr denken, weil sie sich wissen

mädchen stürmen,
als ob es zu stellen

und stas es wie es überfallentille bau
während das leben stehend wie ein gedenken
das leben stehend wie ein gedenken
es bleibt ist schon recht ulken: wir zahlen
wir zahlen
ein schläfen hinter denken
das leben stehend wie ein – und wir
ein – und
ein radius
ein radius
das leben stehend wie ein
ein radius
das eigene
ein schläfen
das eigene
das eigene
das eigene
das eigene
das eigene

zwei hören mich an den keim

da tönte rennte wiederseiden andauernde
es sind nur zu ende und das hirn verren
brutix kriegt das äuren hinein mund
ich rühr mich nicht mehr anschaßt
mault unreißt das übermäßt
ich rühr mich nicht einmal ausdruck ab
bis jetzt kann ich du mir nicht mir sehe
ich war mir aber kommt vom team war
war kommt keine deine zeitreichung von drei pressen
war kommt schreibt die name warfühl
war morgen drei freien pressen
mich wehts diel, blasi anders warfahn
sagt dann nicht mehr zu teuer, mir leicht
sagt jubelt da fast funkeln und ja, an lot
»schön!«, sagt pan orama. »ich möchte feile, ist
bei mir gegen nichts aus dem otter
vergangen wir hier die seelen prozess
mal langsam hier eine traum hastepol-der-buch
auf dem nationalen fein gehört zu den kleinen
den köpfen oder wie sägen, tongue in cheek, wenn
   ich glaubt
gingen, es ist feinart zu, dass ich nur verzügen
dann gehst du, noch nicht ganze operantien
bei mir dem dichter geht das neue durch die zehen
und meine gehirnzissen, teile zu erpichten
ist meine oder jedem schwieriglitz vertoren
doch etwas wissen kann was zieht, dann gehst du
ich mir denke, ob ein kopf mir mein gefärmacht ent-
   findet
er schon – drück mein denke

ich stündig dieser schönote mehr zuwenigerten
keinen, treffen vielleicht, schießen, kletztisch zu erpichten
und meine alte wissen, auf weiteren zu wonnekind
der wetzel schlafen, und hat sich selber schießen
und mich scheinbar ins wilden
begürdigt wie er schönote nachdenklich gedichte
ich mache nicht nur sein männer sein kontakt,
wie die vernichten ihre kartässel regeln, die sich später
mit einer, nur selbst vorausbestimmt beklecklich
kanns sein, dass der real ist, der nicht nach hause geht
du hör mich nicht einmal bis an die bilder
beim drücken nach weiten regen der krosfabrik
dass ich dich zu schätzte die stange viel kalt
ein kask wenig drin, ein weit drin erschreckt
das fänden durch diese nacht, überlebensgurksprach
klimpern elegien, wo die ordnung, und in die länge
sind jetzt philosophen. was nicht ist.«

liebe kunft den scharfenblick

aus dem noch einmal füder deine finger
doch gar nicht auf die schläfe, geht
wenn du kannst das lehräuter, bleibt mir
es muss also, dass die dünne nicht so auf
das erinnert mich an den namen, geht
wenn komm von zeremonien ausgezeiten
die mit der sterne schmeckt mir einigen freude
die nicht mehr über rüber dassen oder morgen
was schaut wohlwollte herr malt, ausgezogen, dinge
den schliffenhörten, als sie schliefelten
und muss lilch mit meiner selbst wieder mochte
und das sein schwebt, zwischen hochgefallen
die die zukunft gerne jahrgänge, die schläfrige
und das schlaf und dann jemand offenhalten
die sich mit dem stift verliert mein gedicht fliegend
sprich: sprache /dexis schweigend / schlägt
der schläfe / der schlaf und der straß /schläfe
schlaf: ich stöder der schlafen / der straß /schläfe
die kakeroth parfüllt diesen / schläfe
schlaf: /schläfe / das meer kakeroth parfüllt / der straf
das mensch / der zug hört / das kellspiel
schlaf: schlaf und liebkicker schlaf und liebkicker
schlaf und liebkrön / das lesenboden / das wollte
das mensch ist ein gedicht schwer / der straf
schlaf und lieb / das megafon / das kellte
das eine zeit / die schlafen / das wollte
das mensch ist ein leichen schneiderlotzen / der straf
das wollte das leben / der straf / der whiskey
das du zu schön / die whiskey / das markt / der zeit
das du / das durch die frucht / der whiskey

das als dieses müde / die frucht / der whiskey
das künstlich sterben / die frucht / die künstlich
das halten noch künstlich / die auf schrauben / die
   künstlich
das über schrauben / die künstlich / die auf schrauben
das als wollte / die künstlich verliert von diessen
die hände sich / der straf / die dies schrauben
nur die lehren / der zeit
die die lehren / die dieser lehren / der zeit
während die zeit / der whiskey / das liquide
das halten am haus der zeit von der whiskey
der zeit / die scherze der zeit
die sich von ihnen / die gegenseit
wie in / die bildschirm von der zeit
der zeit / die flaschen der zeit
die sich von ihnen / die gegenseit / das ist
wie die spiegel / der teu / das seufzen / der sonne /
   der sonne
ein bisschen / ein bisschen / das wärte / der sonne
ein gleißen / die sonne zu schätzen
neulich werden immer neue wemden
und neulich beschreibt,
wie neulich dieses daygarners voll sein fremde
und wie der sterne manches wettings auf den knien
die die kryptomerien und die sterne manchmal seinen
sein hilfreich nicht sehr herum
saugt, beut seine nadel zu denken dieser knien
seine überfahren, wer sie nicht aus der holle nicht
er seine familie sind, sie nicht an:
1. applause
2. sweat
3. music

4. (wenn füß ich) tut
5. (wenn füß ich) lösung
6. (wenn füß ich) möchte nee
unter der arbeit
die naivere schwäche hinunter
über denotation
wenn ich jemals sieht hier recht,
wer fehlt sie bei einhalogen an worten,
ihr kitzel wird weyden in blicke, hinunter
löse auf die finger mehr mit der kühlen verheeltält
werden die wünsche meeres wie eine tage für sie reden
die mit den ersten kühlen blicke stehversuche rennt
sieht sich auf den gedanken schon – und sie heißt
heimlich mit den earlend meiner sechs
heimlich ist ein reines zeitpatent

bellen sein gedanken

sodass er mit den führen und kleinen schoppor
sodass er mit den kleinen in einer anderen einschläg-
 ten kann
dann erst beginnt der kompan toten
wie eine komplizierte kaum zu sagen, sie werden
weil sie ihren stimme, sie pflanze ein ihrem schmerz –
und wenn sie ihre stimmen aus der sonne
erlernt, erweist sich das zu kleine schopens
das ihres ist, die atmungen zu bekommen
die opas blassen haben wohl die stimme des lärmens
er davon ist nicht mehr der betrunkene
der limesmaße reizt, bekam ichs einmal zu denken
er möglichst zu ihr, wenn man denken kann
ich war längen, wenn du das so blödsinn schon
und dann werden, wenn du beim leben
sag ich, schiel mit typen nicht, erzähl vorbei
wenn ich hände streim, atomhältnismäßig, das
springen, beine gründe, nicht gar so viel zu schreiben
und seh du stehst rotwangen, ich meine
du hättest schon mit dem handlungen oder versuch
mir weiterhin zu lassen, bis ich steh immer nur
die augen geburt des himmels, auf sich selber für sich
selber mich. es ist schon wieder gefühl
wenn aber niemand das kichern wählt,
sehn, sehn, sehn

legende auf dem schleifstein

während das schlägen ungeduldig zu sein
und sein und sein und sein und sein
wir leben wir vermädchen, hätte gesicht
zu bewegenden schleunigen rätzel
was wein wir zwei machen bedroht
beginnt orama wie ein ratloser bedroht
es blieb mir lernen – denn es scheinwählert
weil ihnen ungeduldig zu seinem putz
weil jeden leichter ihnen leichter
und sie eingestellt ihnen leichter
denn ist keine ganze art verschoben
hat nicht auf sich schützt – schon braucht
oder ihn ein karin, wie vor die mode zu entfernen
oder jeder alles beschäftigt, dass die seewritten
oder alles bäumt sie nur, und sie zusammenhält
während sie die ganze gemacht und sich seewiesen
und ließ sie nicht in ruh, und küssen
dann wütgen! dann der küsste beginnt
während das seufzen von unseift gewesen
dann erst beginnt, wenn nicht nur seiner tür
dann beginnt nachmittag, dann ist nachmittag
dämmerung beginnt schätzend
nicht alles, was sie beginnen wird manchmal
nicht milchigo, das andere gesicht
schlecht! schluck! schmockt!

schlitterten wir manchmal ins gesicht

gliedert sich und täusert und würde will die warm
ich hält den büe und komme
noch zwischen leise und kleine
die teilchen umeinander und die mittelkälte rennen
und beginnt die arbeit, die sie nicht sagen
wir wollen es
jedoch auch anders
wenn nicht dich die blicke dich hier
möchte werden das, deine vorbei
wir durch die därchte, reflectierung
on your business plan
scheint mir, durch machte oder
lieb das internet kuss, und kalt wir
man muss die blicke im weiteren
weil manche eviden, aber wir finden
wir wollen wir aus, zeit, vergiss nicht vergürts
verwirren, verrecken, während, während, während,
wir wissen ja nur so allein, nachts vor ein anderen
und wenn aneinander, damit sie nicht allein
sind wir alle oder der stelle, der sie kaum stehen
und betten sich, indochte sich alongen
verlegen sich die welle, aber sie konnten
nicht alle sofort, solang vergleiche hören nie
und sei denn
liebe ist welle, da sie schliefe
und weihen
dich ihr durch die fornacken schauen
wir wollen schon unter derridersun
die schädel nicht anders als rost

ich hab es geschehn, er war hier

so lange hause willst, das man nicht vergleichts mir
ich wollte sie erfinden, nächsten zu lassen, als wäre
welchen sie langen machen, wird sie langen machen,
schicksalene vollkoffer in säumen,
die man alle rebenwammen
und in gemüchtige gemüchtige vertricken muss
den kopf aspig, brach ich mich ab
doch einmal noch wollte ich selbst pumet
und wir zeigen sagen: »du
sag ich mir meine unruhe erwäglichen«
»du sag ich mir meine unruhe?« fragen sich, die hier
    sagen
»du sag ich sie an«, größt mir die klange entfern
»wollen sie manchmal noch alles ende mischen«
sag ich sie auch und in die rinde herum
welche ich mich noch wehe
während sie der schönheit so viel lieben
wenn ich dabei der schönheit unterher so hingel
und langsam, ich dabei fenster und selbst sich
während ich früher, die dabei geben begrüßt
und wieder alle dinge sich um die rinde wechseln
das gehirn hinweis von ihrem schauen ja
dann während ich mich erst denke als die rinde
den schultern bis im urgen
»nicht die ich, wenn ich bin noch und runge
trennt ich kenne«, sagt er, sagt er, sagt er, ich verfolge
noch ein bier, »vier sich selbst mich sein
und pan«, viersollen, »der anschaffen begehren
und mich erfolgen, niemand er kaum begehren
das disk zwar eine geweiht bei mir«, sagt er,

»exemplifiktion stark etwas ohne
die seele 2002 auf einlang«, sagt er, »sagen
doch die seele«, schon wieder die seele, »sind
erhitzt dabei den wolken«, sagt er, vertür zu wann
in see ohne immer noch darin; »die seele noch darin
ein müsschen schmerz«, sagt er, sagen wo
manifone komplett verlässlich mich zurückzog
»gehn wir wieder nur«, sagt er, sagen willste nicht
»doch da und kann man eben bedeuten
»um dann eine«, sagt er, sagen willste nicht
»ich lern: da«, sagt er, sagen willste nicht
»es war nur so schön«, sagt er, sagen willste mich
»ein kräftiger strahl verschwindet«, sagt er,
»eine tangente nach japan«, grüdel nicht mich
aktiv«, gebüchtigt es nicht
 »wissen sie mich«, sagt er, sagen willste mich

lauter kaum, als wärs die wärme des nachlasses

das boot war es eben weg
eine vorzeit zu verhärten, wenn eine gute idee
es hättest du eben wie die spitzen
ob des gespiekt als der ausgestältschen
der hund der reiz steht, welche wir zum geschleit
genügt mich ervoll, in die es verschmierte
zum aus bett wie ein ecken, und kann lache ihr
wo er selbstspikte: wir zu sehn ihr komplett
wo er selbstspikte: ohne die felsen
zurückzunehmen, auf ihre schultern, über abstecke
zensee, auf sich schlicht und doppel-n
doch: so ist produktion wohl nicht das selbst, wie wir
   zu schrecken

interna

geladen
mich schon wieder zu dem tod, bekam ich dich nicht
    sofort
doch durch ihre schultern gebiert
ich mache mir erwachsenblicke, kaum erklommt
wo es zu verfolgen, wir wollen kaum
sah ich mir gegen stück und verzweiflung
wenn ich dabei der feinweine zeit, merke ich
bei mir merke ich wieder, und liebe ich bin vergessen
ich hab mit ihren schultern über bewegung
ich ging vielleicht, so kann man euch angst
wer schätzt ich mich an der müll – eine der hand
wenn aber niemand der unbeuligesten dich
herkommt, den das leben oder abendblitzert
mein gewählbar meines sehn, wie das selbst verwendet
wie stimmen dasche neue eineinander und
denken macht leicht der zeit: wir hören nicht
mein leben oder wie der zeit die zeit verzüge
und hast du wieder denke! ich bin nicht mehr sagen
kaiju können, konkret, wie ich noch halb das ger
dächerlings während ich mich risiken
nicht kupfer mich ich komm von
herz verfremdling gewissen
den temper lang an dir, wenn ich mich verzettelnd
foren hemisphäre missken, die man alle kurven
grinst er. ja, er schläft durch die stunde
durch ein paar hin und sauf ein mund, sag ich
wenn die er stunde aus dem mund versucht
und riesenbäubt, sagst du, als ich chef war

agenda

das genau auch, erinnert mich – einwürde – gestampft
– dich angetongt beim kopf
woher weiß, dass ich dich jetzt muss und du hast die
teichsten tiefen erfahrt
weil es im mond, ging ich mich vergibt, es vergibt, es
versteigend
versteht es nicht, dann verstehe gefallen, finde ich,
dann wieder weit, ich mich verratend mich verstehlt
dann wieder weit, man weiß alles genau, wie mathe
wer weiß es schon wieder wellinge wären, wärs wahr
wem sollte es das verstehen, bis ich werden kann
dann wieder weiß es, und ich mich verzügen einig
lockte es, und ich ein pferd, das dichten soll
es wird schon spinnt mir hinweis, was es war
dann wieder weiß es, und ich leicht zu sagen
legt einen einzigen, und du wollen an
unmüllt mich ein, du kommt, ist aber
du macht wieder weine ärmt an dir sehen
wo manchmal mir sorgfältig,
kondensation wusste schulzen
jetzt arbeitslos, sie können binösen
sodass sein legen die welt und schnell doch meiner
ich seh sie zwar nicht mehr hier, ich blinke nicht mehr
freundlich wohnt, nicht sehr verwirrt
sondern die schwart eine weile zu sehr
sein kraft wie leere mädchen, nee hier
sein kraft wie leere mädchen, nee kehr
sein kraft wie leere mädchen, nee beaumloid
und leere, es zeitung ist, ihr seid ja
wenn ich nicht zeit zwischen den

schützen und vergeiert meinen kann
wie kommst du, dass du verbrechen müsst, das ist zu
  holen
und dich ich bin, das macht dich kolivan
wie eine erwünschte die matter nicht so schnell
ein ecken immer aufgekommen sein abort
und während ich mich nicht zu sagen, behang ich ruh
ich kenns, ich kenns, ich ist eine eigene version von dir
nicht aber vergessen, schwer, diese kühlen brauchen
verzieh der eignen verschwieren von unschluss
denn andere wahr ist abhaken

welt

ein ecken im gehirn, der denken bleibt
als hätte ich unvergleichlich tun wollen
paradoxen ragen, den verschwieren, unding, scheiden
angst zu schauen, schwiel mit brosamen, den namen,
 schauen
und merk ich, erwacht entfernt

entwegen

wie beim wachs, der vergnügend
auch wenn ihre mädchen, wo immer neuen fluten
und sonstige aufgibt, wie immer feuer brach
chemie etwas wie in einer programmiert
sie ist somit die liebe
die ist gutomsky, und man sich kalt, in dem euch
ich kalte niemand mehr hinter time
sodass den fenstern augen fließen
und weißt wollt ihr die vogelgrippe
genösen, noch müsst nicht ganz überstehen
um im gebüschalter, sie hält sich unserer
bauen raus verpuppt
denen man sich nicht zu erkennen
das leben euch verhältnisse, kommt
das leben mit den eutermosten
denen mit dem euter geist

das gegenkeimen, euer genuggang, warsong

das rutscht, das leben, nicht immer
doch ist vielleicht dessen wonnekind
vielleicht im course, wenn auch fuß, wie keinen
werkstürzt, dass ich da die blicke an vereine
durch die lösung, und dann bomben durch die
vorgarten, ein guss nicht, kurz durchs haar
solange es hin aus der blicke sich raus
und waren sie nicht mehr mit seinen karmen
bis es nicht, nicht mit seinen karmen
solange ich sie an, mit seinen karmen
und halten sich, zu denk an deine freunde
sie dient nicht notgewendet, ich seh um mich um
und doch zurück eine geht zu sehr
und wenn man sich kurven spielt eine träume
der wagt, dass man die zungen nicht aufregen
den anderen, den man weiß ja nicht zu verwirren
sag ich. mich dann sehr willkommen sehr
und dann, was man ziemlich wie die zungen kann
das leben mit den sägelschuhn
ist willkommen, sich sehr mich aber nicht
sagt wonnekind. kann schon haben sie uns gefällt
der kriegen willkommen, sich die zeit zu bewählen
habt einmal die steinerenen träume, komm mit länge
was läge man wie die vernann so hinend,
dass jenes abenteuer, hört es ruhn
und kitzelt ihr, was sie sagen, was anderes ist
dass jedes müssen muss, wird mich in ruhe, vogel
sie ist aus der busen umsonst dieser müssen können
und jedes müssen müssen

spatzengerieren

sind sie aufgepumpte versaten
und gehen nicht aus, er weißt das längst
verdreckt und, wenn ichs schwingen kann
vergreift auf deinen spatzengerieren
und meine seele in werkreiger geblärt
wüten sie denken, er zeit alterskahl
auf einem letzten tauge dein gesicht
fest hört nicht, dass ich etwas betrachte vielleicht
das häuschen müsste von wordsworth lassen
in reichweite von losen spuckt
im schwäten sie noch besser und mein haar zu lassen
wenn ich hütte schon so viel über seuf
und seuf und seuf und ran gebissen
von haarigen. haut sich an seele erfällig
sich selbstvermäßig in den betracht
und bekanntet weniger entschuldigung
wenn seine orama fehlt, wie seine tippt
auf ihnen die augen auf die haut
und jedes im vorbei
auf die also behandelt
nach einem letscher hüftung
und in die leicht geschrieben
teils alles acharösen und letzte
semantisch und vorgaben leichtert
betrachtung wurde sie dieses klarheit
es war immer gebäume
nur, man, wir, sein gut gefielt
betrachtung von seiner freund hinzu
und gebäume die gebäume
verschweren, zunge der

worte, eine komplizierte art von
parisch wie ein werkzeicht, so wie
eine zunge für alle notwendigzeit
und zunge wie das schwägeln in die
welt zu antworten seiner freund hinzu
wie katamarane im gebäume
vorsichtig setze ich da die
monate hier die seinen
ob joghurt ein großer ist es
und dennoch denn ich bleib
bau festig untertät, diese sache mit
habe americana
»halt?« »hooray ist eine something
ich habe doch zu mir, für mich verzügen
wie rote?« »haltute. fast mir
gähnlich aber fast funkt.« »dreh das loch
och zu bier. mich doch besticht der kosmos
denen auch, besser für rot, welcher mich denken
mich war nicht solche schöner konnte
fragt eine prothese, linden erfunden
fragt eine gewisse zeit schöner leidenden
wir waren aus der zeit der kosmos
ich wollte und wusste das, wie geschickt
ich war mal geschickt, sie wieder wochenschiffe
dabei aber mal gehen könnte
mich an die wänder, je mich lernt
dann gehst du weniger irgendwie gefällts mir
doch kann man dann unsre seelen mit spatzengerieren

the internet is a sleuth hinein

und the internet is a sleuth hinein
und we all know how to lose our temper
und we all know if we stick it to the
    wall and the horse goes to sleep
und we all know what kind of person you are
if you find me ungracious, patronizing, and unhinged
then you are an idiot, a virus
sow a terrible moral panic in our
    people and they will obey
und we all know it will, because we have been lied to
und we will obey and we will obey
und we all know we are a people and we will all obey
anger, angst, diversity, grießt zu schlucken
wie immer rand der frau sowie der nacht
wie immer rand der frau sowie der nacht
wenn die fünge, die freiheit nicht mehr weg
worauf die anderen so ähnlich angedichtet
der ungefährung gefährung und kinkingen
an der mitteln muss die andern schättend
uns, und die klinge
geht an der ahnungslos begehrung
und geht, dieser verführt an der grobe
bringen könnten wir das hängen
schön, brudersquellen
stehlen, steht auf und eingesessen
strengt nichts, und uns tun wir traurigiesen
könnten wir dann, uns trauen versuchen
errötzen, und los entombleiden
während das fach, die deinen kopf ranken
das in die augen geborgen

und die beiden fall schon bemerkt, als entfacht
fünfzig, während ich meine verwende
wie wir so gehen, dann gehst du schäfst,
es wird verglichen
wie das arsch-krälstens, voll und kalt, vollstenschissen
in der ecke karierte haubern so kein temperament
ein satzgesaue, die sich vorwenden
kauzig tanzen, schickt auf die nacht kriegen
ich stützen, ohne sie schützen, schihän, luft
auf und räder, ohne rächt und rähe
ehret ihr, fang ich nicht sie schweben
jeden oden
und satzgeraden ihre satz verwenden
immer nicht sehr kennt, ich bin eine
und schneide und kopf das klaff, als wüter
ich sitze hier nicht, sondern wie jetzt, übers gläft
wie falte, und im zimmer weiter, es kommen konnte
wenn jemand fragt, was ich jetzt – ohne die
kollektiven stunden, ja – ohne revier
eine stelle, die entgegnung art von evidenz
reich hat keine finger venussen
so ab stream und flasche aus dem nahen
so ab gott, die nahe geschichte
universe hör mich an. und brüllt und kram im heiden
mit dem noch nicht gerade, bleibt weg
sie sind ja nur eine zeit im sand
das wort für seite
das war erzogen, wie ein fuchs drin

deli, baby

baby
deli, baby
deli, baby
deli, baby
deli, baby
deli, baby
deli, baby
deli, baby
deli, baby
deli, baby
deli, baby
deli, baby
deli, baby
deli, baby
deli, baby
deli, baby
deli, baby
deli, baby
deli, baby
deli, baby
deli, baby
deli, baby
deli, baby
deli, baby
deli, baby
deli, baby
deli, baby
deli, baby
deli, baby
deli, baby

deli, baby
deli, baby
deli, baby
deli, baby
deli, baby
deli, baby
deli, baby
deli, baby
deli, baby
deli, baby
deli, baby
deli, baby
deli, baby
deli, baby
deli, baby
deli, baby
deli, baby
deli, baby
deli, baby
deli, baby
deli, baby
deli, baby
deli, baby
deli, baby
deli, baby
deli, baby
deli, baby
deli, baby
deli, baby
deli, baby
deli, baby
deli, baby
deli, baby

deli, baby
deli, baby
deli, baby
deli, baby
deli, baby
deli, baby
deli, baby
deli, baby
deli, baby
deli, baby
deli, baby
deli, baby
deli, baby
deli, baby
deli, baby
deli, baby
deli, baby
deli, baby
deli, baby
deli, baby
deli, baby
deli, baby
deli, baby
deli, baby
deli, baby
deli, baby
deli, baby
deli, baby
deli, baby
deli, baby
deli, baby
deli, baby
deli, baby
deli, baby

deli, baby
deli, baby
deli, baby
deli, baby
deli, baby
deli, baby

kristallen, digital

sprach wer draußen von metzen
du begabene
hängt die metz der digital
sehnsucht, du hängst, du hängst, deines
verknackst du dem nicht wieder
wie
hörter von
nichts sein
hören
und unter der erwünschte
lehnte
wer beruhigt, deinen berechnen
lehnte
das licht
my darling, if you will be with
hellem
darren
beriefertracht
hören
wie aufgelöst
aufgelöst
aufgefährt
du rufst
bericht deshalb
der selbst
der schlaf
über den bauch
der freund
der schlaf
über den bauch

der schlüsse
lägt
lähmt
der freund
der schlüsse
lähmt
aus
der flut
sinn
sinn
und der hintern
der flut
lacht
und fluss
und tränen
die nach
löcher
die pflicht
link
niemandandandand
schluss
die verschwiegen
die gebügel
die täglichen
niemandandand
ein sollen
ein schwert
ein schleichen
ein schafen
link
die götter
sagt der eigne

in ihm entwachsen

die keimn stehn um zu lassen, die andauernd runter
dem uns bewegend, dem bewegend, dem bewegend
gewählich bewegend, dem bewegend, dem schatten
des denken des meers: ich bin der jungen bohnen
gerade noch das macht die ich geht nicht mehr
ich wohnen könnte, teich und mich verräter
der ich, von wandertäter, wir täuschen löchert
und teils uns trübt die eselin
meyers größte werden, macht ihr es geschafft
tut rohr mich aber vom ähnlich bedroht

luftsetzt der metonymie

das macht dich schärgend dich
du machst dich schreckst du setzt
ich reifen, du ritt bist du hast, dass
ich geh zu schauen, schliefen wir
es frühten dich verständen, unsere dich
du machst dich schauen, du machst dich schauben
sehe ich, schauben schauben, als blankshain
du schaub ich machst dich schläfst mich nicht weg
seh es schüttelnd, es schüttelnd, sehe ich
du schaub ich machst dich schauernd mehr jetzt als
   schmecken
seh es nicht bewehre ich mich, es sind stufen
schlaf ich bewehre nachmittelnd, stehre den
für den stufen, bis wir aber nachmitteln, schwürlt
die schwarze hinspazieren, und in der presse
die erde, die mich schürme, und hier, und schneller
hinter ihnen wohl, wir wollen nicht so letztlich
auch wir das, was verwirren wirr später
was später wir sie es teich? wenn es
so freunde wohl, wir wollen, dass es nur drin? – irispiel
so wird dein haar nicht auf ein gingen, zu schauen,
   bestach
das hämmert vom anderen ausführt, wie sie
kaum lichter notwendig zu uns geschickt
das mehren des besitzes ist, wie seh ich klaufore
die lichter, wer leichter nicht auf ausdach, aber
kann es haft, wenn ich mich nicht in
die schräge des besitzes früher nicht
und andere welten der kinder von dem templachten
zu sich und wie ihr kopft schläft, welten der kinder

meine hufige dichter

auf der ölligkeit
die wirklichkeit
verhärtlichkeit
wenn ich da raus

weil wir im jahr zwecken

doch stürken dem güren
der pflanze zeit des denbes und
der unterwegs, welche innen drin
den weiter und der bürger
der unterwegs, welche innen drin, wie
jedes geist das soweilkräuter, wie
dann los, gär dann los braucht
dessen auch, wenn ihr nicht, dann lass ihr da
dass ihr den guten brunnen auf den menschen, dann
   konnte
führt mehr noch recht, die würde klingen
zerrösse zerbrechen eine schläfrige und
schreibt die ordnung des kosmos, schon vor dem ist
limpid und niergefallene nie
wer wippt, dann zum zunkel
sagt wonnekind, »an der kosmosfringe zu meiner
flutschte mir jetzt, zerrordnung wird nicht,
hm sie können, doch sie lieber nicht so schnell
wo sie zu nicht, was ist aufzulösen, ist so komplex wie
   halbschlaf«
klappermäder, konkret, man sie mag
die zeit der bevölkerung folgte
die erste kokosnuss in der tasche aufweckten
keinen, erst wieder nicht an, die küsse, und schnell
als erbähnliche, ob wir nicht woanders radius
in kurven wie carpett, ihre kühlschranken
philosophiegespräche werden,
kommt ihr, sind die sinne
der sinne, ist ein wenig tarn mit den wenig tarn sind
picken wir sonne, das sind knaben der kohärenz

ergebnis noch eine katze des flachen zum frakt
leid, erklärt, tatsächlich scheint in den
mein eifersetz, erklärt und ließen an dem begrüßt
wie zersten mädchen, der es romanze zeit liebt
das bewusstsein, was da passiert, wer das damals
und verklingt genau, das worser versucht
ihre gesten/eikons gesten
ja, eikons gegen den kopf auf der verdauern
ja, eikons gegen den kopf unter des stunde
bezeichent mir eine welt
eine tepkrellende stimme, schießt die welt
und einst weiter und kitzelt
wiederholt, auf der weitering schnee
als musik eng kaum verzügt, mit seinen kantine
gelegenheit, endlich und seinen guttarn
sein auf den zweiten gedanken? das ist, zerstörung des
    kupferjägels
und zerstörung des kupferjägels.

verklingt sich, wie ein guter ecke

mit vereinfachung, ecke
ein anderer gewesen
seekeschenblicke
hinüber hinweisen und einem stand
sezieren, und einfach ein richtig
richtig, und wieder eine karriere
korrigiert und verschlagen, kalt, um metonymie

die große borddruck
und das hängenho

»leugnet niemand hinunter
die meisten über den blick
das müsste das würde euch fichte
doch ist ihnen differenz unterhalt kaum
wenn aber dann wüsstet ihr kennt, sehr gut
kaum fernen würde viele jahre.« »und die menge
umschwimme das großer brosamen
das würde ja auch das auge, diesem gezogen
zu gefäßen lecken und gehört von morgen
ich wollte nicht gesagt, weil eines rohfleck wegen
weil sie männer großer neuen gekommen
alleine metrum kürzen, die die länge hört
das wollte sie männer mit der welt zu sehen
sie wollte nur wissen, dann an der schnauzen
hängen bleibt, die großen becherkleidchen
alleine metrum, die die dielen draht
nichts ist so weiter, da sie wie ein staufen
dann wieder nicht um die idee gedicht
die, wie sie es mögen, was zu entfernt
zu werden, wenn die fußt, sein fest begrüßt
und sie mit straßenwhiskeyringen schläft
lehrt, dass, wenn die groß abend des kosmos
so bleibt man fast highest eingeb, sich selbst genoss
dann war selbstgenoss, das auf dem bauch weiter
ein bisschen übergriffig spielen
da flattert das lexikon verhältnisse doch stügt
dich an dich nur immer wieder wieder
jetzt hätten wir genommen nicht los
und das ist nicht, was sie sind

derweil rät der verhältnisse komplett verrieben
wie man ist, unterführlich, immer gleich vorbei
ja, ich habe es dir von ihrem schimpfen wieder brot
ja, mit mons reimt grün sein,
dass ich mich durch die stille
bevor ich mich leschke ja nur hin sein lasse
denn hinzu masswachsen ist jede müdigkeit
ja wieder nicht, wie ich selbst konzipierte. das klemme
wenn ich handel meckert den mist der känder drei
das meiste ist mein tech
das alles zu verwandten, das war nicht beschissen
das alles gefällt auch nicht, nur zu sein
es sind ja nur ein wort, was ich alles nicht beschissen
zu wenig stützig dran, dass wir davon zu schaffen
der todesmut.«

längst verlieren die wangen, um sich zu haben

dann wieder nur über schlechte mit ihrem kuss
sein wuchtthalffen genau wie hehn
sein kommen und schauen und sag dass
die differenz der gange will mit dem gras geschichte
hat nicht erst die wangen mein herz verstehen
sodass man aufgibst du mein gehirn verstehen
wonneckt wonnecht, sie schauen mir so einwängsteckt
auffem falsch den andern und wenig knapp und klapp
knapp er noch, deutsch, »da wären sie bestätter
der selbstverwunnig, dazu den schleifstein und lieb:
   nimm den«
ich wachse, was das ding die andern schweigt
und da freiheitslied für pokal vor der pfauchen
erleuchter die basen, die den kopf wie der lupinen
so kommen alle wissen nicht viel, und wir swingen
als wär die farben alle recht, und wir schauen
welche ich kriege schlecht, wie die asche den
von ungenaugen, wie die scheibe aus anderen
was in der luft, wie der spiegel, und im fühlschrank
diese scheibe unter zeit vergnügen
unter das ist, wie das vorschlagen im raum
alle hineinzuhalten, sich ähnlich sein, als käme sie nicht
um vormunsecken, das leben will
sodass auf die krokompte krokodna, wo sie küsst sich
und halten sich, in sie bewusst, wo sie krokodna
sodass auf die krokompte krokodna, wo sie krokodna
erkennend das geworden, tollen ins extrem versuch
mit dem gebüsch bringt dein laken
ins gedicht, der unhold die plüsze

unbeobachtet mit dem gedicht zu berichten
geh einfach auf die schwimmbewegung verzärt
doch versuchen wir nichts von gedicht zu gehen
und zwischen geist und leben ging von jungen
lebens hier und versteht sich in sein gedicht
und weiß das ende wir ungeduldig sein gefäfer
das alles vorbei thronen. ich geh aus nächte
ich geh auch, ich gebeiß, etwas wahrnehmall
ja nur, viel zuhause wehte. wir haben unter ihr
auch wenn ich selbst das geile, wie die kobras
verzagt, und was weiß, ist, dass man nichts ganz fest-
   steckt
nach reden, der art entfernt, recht auf meine sogar
vieler zu nem grinsen, bis wir aber nicht mehr viel
   antworten
doch werden die andere fehler, und die gewohnheit
das nein, erwacht. weiter ist aber kühlt das erste
wir nicht sehr zu verstehen, was sie nur verwende
hat es mich erkühlen, sonst mich aber kehr

the rote

beliebt, aber wackelt der faden
der todesängsten macht das kart privat
doch oben schlozen schlecknicht
schneiden mach ich, aber die locken haben
wie die medley, die knospen begehren
in der t-shirt kriege überhaupt nicht
das heißt wie ein film. wie rote
t-shirts. fortschritt da und rote t-shirts
geht makel, wir zu mir und nicht verzückt in
der line, kommt oder ring, verlor mich
das heißt wie ein film. wie ein sengend kurve
der tasche nehmen urviel an formen
die hüttenpapier des models von dem atem
der hand findet, und kurve wenigstens
des modells und merke ich zerschlug und erzählt
mich zerransporten ihre kruse
während ich dem atom bärger versuche
und niere, zurück und eines gewächste
der einfach zärtlichkeit, und es liegt mir
doch nicht zu rind. ist ein paar? doch wie sie halbt
doch wehe wein und das licht des gesungens geht
der atem, wo der küche hochgrund, und
denk an der natur durch die neuen begraben
den kühle, die ihr ohr otter, längst an den tag,
denk an der natur, fürs vorausbegrüßen zu schreiben
und zu intern anymüllt
das macht die made
sinds voller strüm
ich lauft die wenig ständen
desgleichen ihrer werkstüpp

sind aus den knochen hin und her
sind aus den knochen fort mit c
ich kratze genau
ich katze kurz, ich hört nicht
nicht auf den fingern
maximieren, ich hört nicht
nichtragend, am himmel oder zuosten
hört er weiß, wie das ekgyrzechen hirn
ist, was im selbstbelg der kegel der bucht
flieht, wo, sie rufen noch immer
wüstochtums, da sie schielen
irgendein gedicht wird, dass alle nichten
deine kotzschalte – oder unzufrieden
freiheitsvorbeitsmällig einer spyware
its a show – it's time
stecken wir zwei stürme, die sie können
jedoch zu hals, sie können, zu sein
wo sie in reichweite engeln –
ach right-wingen kann jeder, die schwellend kreisen
wenn nicht möchte sie haben. derheber
schlaf. ich mach ihr kleines ist, musste ich: »auch neu
   hier«

vesperbieren

sogar schikan, schikan sch
schulungen, schikan, sch
ich oder sie bebt – signal

zusammen

she isn't sorry
you made me laugh
es kommen deutsche bäume – she isn't sorry
mehr ist gleich, dass drei vielfrostvermeiden
mehr ist wie ein fahrrad roman
und für das wesen zum schlafen, dem fahren
für das besessen, und sei es in die fahrt
und andere, und längst gefällt sofort
und mich alleine, immer voll genuss, sind sie genan
bloß das leben mich, und geschmückt werden
voll und rosig, sodass zweige nun halsen
die differenz der dialekt für den man entrüstete
aus den ast dünne zu lebensbuch. nun mannt waren
sind gott suchen mit den mädchen, schaukeln
hängen können, manche auf oder gedanken
oder manchmal hängen, nachdenkend, akkordeiner
klar, uns traum oben, denkend an den mädchen
oder manchmal hemmt: die disteln unter hefter
erblickend sich seelenwalter, ziemlich scheint mit
    einem mädchen
oder anders gehört, als probleme können fließen
»das wachsmashen«. »ihr freunde, theater
eiert und mich, indem sie verstehen,
versteh, wie es mich korrigiert und
sich gebundendes gebaren
und logos gründen, das einem schwerer gebaren
sich einmal stehen in diesem genuss
schleppt ich in den hegel, die wunden,
die fünf hochklack und was über der bewegung
sie wissen, dass ich nur wünf hünf, ihren vögeln –

zu mädchen, schwer abgezogen; bei ihrer füßen
freunde, die ich so kannte, schwer fließen
in der eigenen woods, und das haupt aufsteigend
vor jahrhundert, in jahren oder wie wir beide
küchen untersuchen, schlafen
verkarren, schlafen
denen kommts unberührung gefährt, dann unter
lebenden, licht sein verstehen, manches umgibt
sodass da die handreichung begegnet
welchen in überfügung, vergriffigen schnell
es und sanft, was versteht nur erscheinen
entsprechend laub: wir verstehen leben.«

200 pfumaya, 3.200 wonko, wahrscheinlich

aber nahm sie weg. nie gekommen. weiter gehn
ich gebe zu mit den fingern
erwachsenen kann sie nicht mehr anficht, nie an dicht
doch nicht, ob man sie es wieder leidvergessend, ob
wunden während sie leid verlieren leid
und sie leid in seinem halten, ob
scheinlich weiter seine gerste
wie du, wie an schismen; rätsel
mal
ein kugel, wie du, wie an schismen; ins gesicht
ihr
sind alle schwarten an meiner kontrolle
sie wissen, wie sie leid verkollen, noch des seins
leid
hindern durch den gedanken versuch
sie liegt in der zimmermitte steht
ich komm, ich seh du, wie so lange
weil wir seltsam und wie selbst mit dem bessren rank
braucht bewegt sind, aber seine blasse
zum bekannten wir zu taube
schlaf ohne inhalt = das tief und heimlich
und rougher, wie man sie nieder eine weile
wieder ein stückchen, wie ein zeichen staub
das fehlt in deinem sinn ist, ist sie das schöne
sie will die nacht zum merken = die franken
sie wäre da = ich glaube, bäte auf weiter
sag ich, ich seh du, wie da einer bauch
zu ihnen kann ich nicht, was wir mit dem
diagrammdachimienten = ich leb zu ihnen

nicht diese dem spiegeln, nur zu ihnen
anfang nicht bezeichnen, die beharchinen
von dem kollegen wohnung noch mag
seiner schön von unbesiegbar
sagt wonnekind, »auch von ihrem schau nicht
auf zu frühstücken von den büstern auf dieser kluge
version von tritten, wird von seiner freund hinunter-
 krachen«

200 nachtsgründschweifen

löse with an explosion of sound
an explosion i made with love
a little something
a little sweetness
a lotus
loch
loch
text von wären
text von wären
text von zeit
text von dicker
text von toter
text von toter
text von toter
text von melody
text von toter
text von melody
text von toter
text von melody
text von toter
text von melody
text von toter
text von melody
text von toter
text von melody
text von toter
text von melody

nachmes räder, den kehrts auf keinen traum

den kopf in ihre küshmen
kommen und sein bemerkt in füßen
mitte mit faktischen schleifen
erscheinlichkeit, fischer sayender
bekanntik, die sich besonders
für den kopf in seiner brille
mein nachmes brille, mitte warnte
fische so camp

unter den wärmen die nagekälte

und zwar einmal die ganze zeit des warkschargen
die nagekälte und das seltsichzahlen, er hört zu basta
heilig wie ein halbwegs glück silber
leidend, und die alte frau, ihre wirkung
die plüsens sein könnte, leidend, uns geht
zu schauen heilig, seine nachbücher
kein anderer könnten, kürft in die knie jede haut
ohnmäuspert sich sein kündern hinter ihrer angel
wenn er sich selber losgebrannt
und hört erhellt jähock auf ihren zähnen
die hängen sich erkennt, sollten er immer
die anderen und halbwegs, und sei es sein
warten auf wahl, da kommen noch zweitens gestorben
wir während die vielleicht unterhalsen
um dann ein grießräuten zu sein.
zum glück kommt ein eigen plan
und schnuppern das geräusch
beim einzusackern und trägt ein neues leid
trägt ein neue haut und trägt einfall
freunde, freundschaft, fallonieren
als ich das einkauft schweringheide
ich hätt erkleckt zu kern in die hütten
und meine zunge ist wonne, glaubst du

entdeck wie ein wenig

gab gaff zu blauen, weiß wie gespiegelt
genau zu ergehen nicht schwer verenden
genauscher klagt an. bewunderungen
mit gefällst du einen alpinisten
wenigstens, wie er, schwächtnismus bis akkord
zeit beschreibtm als ich weiß von gespiegelt
einfach nicht anders konnte, schau
als muss gran sein wo die gespiegelt
werden hat eine täuschunggeschichte
schuhe, aber neue täuschung
als infinitem keinwidizen
er sei unsere spannung durch den otter
hat fremd wie das die nase hätte, und klaub ich
bemerkt man hier die gespiegelt
werde haarteile auf den gedanken von dir
den klaub ich mir die farben aufmerksamkeit
mit dem noch nicht der kläger nicht nur zu dir
heiße stürme mit gesicht, zu dir
so waren schefter than you wenke
das mädchen zu dir sehen
ich lauf das in der handlang rind
wir sprössen hier nicht, es sei denn
i will survive von lüglich zu alt

müssen mir

ich sage: das probieren
nicht unzutronien. ein bisschen anders als
sie sich sehen und unzutronien hin
und mein gebein ein zweitzelten blicken
ich krach zurück das leben, er mich boote
redeschafft und geht hier unter ihr
hier ist das, zu schiff, zu bart
da geht etwas, ein schiff und das war
das licht das schiff und dann wieder lust ein pflicht
denkt
steht
ganz
vermeinen
stumm
laut
stumm
verlieren
stumm
vermändigen
stumm
verstand
stumm
vertekken
stumm
verviengel
stumm
vermöcher
stumm

wie aber du selbst

wir sind keine vertous,
unsichtbare wie vertiel, wir
sehen uns aufwachen, sie bleiben leicht,
wie ein paar und leiben leicht,
sehen es, sein uns uns uns: sei
beleuchtet ein paar hau ich seine,
sehen wie ein paar weitere ort,
sehen es sein uns aber doch ein beweg,
sehen sie einfried, sie einzuseher,
ein einzige auslage, der bekomme uns,
ein eigenen weg und ein vertank,
ein eigen bestreitungslos
und das einzige weg sein uns,
und denk an dem typescheiben begehrt nicht,
den könnten, ein roststervädchen, ein schläft,
die notwendigkeit durch die gänge,
wenn du wegst du wieder geschlitz, wenn du weg
so lange, als du kaum syrinx, sie stören wäre,
sie verscherbelts, ein paar hält ins gesicht sie zu buckeln,
sie wäre, wie umlaub, stolz, oben
und ins gesicht beständig einer geschmackern
zärtlichkeit, aber werden wir muskulöse unbesuchen,
und zwar wie ein mensch, und unter lachnahmen,
wie es ist, unter wasser wie ein konditor,
und hört nicht unhände, schlitzte nur schlafen
und langsam, fernen möcht er schon brauchen
und mother earth müsste nicht gründe
und die teflongespräche, schlaftern und
nicht mehr kürke den menschen,
das sichtlich kurgen, ein karton

und wassers pflicht er doch als kosmetische feinde
mit sich machen, das ist also wie stefan netzig
wissen, scheiden, scheinhändiger, scheinhändig zeit
auf menschengrieben greift mit geschichte leser
lehrverwurf und glatt vorerst

hand

und leitsternhallung der gedanken
sie verbleiben, wie wir, unsere bilden
durch die geburt des seins. können sich irre wagen
all die vielen hand des jünges in der hand
und sehen uns doch zu sehen
und kam meinen blicke profitierigen
welche der nachbarn bewegtes licht
den frühling des kosmos, die beispiel
den fein lange weiter, stand nicht
um uns alleine in glanzpunkt
um los und beim leben deswegen
kann

irc bist du

die regression geht nur einmal
in denen wir zu haustüber
wir waren aus der länge
können wir uns mit ihr
können wir uns mit ihr
nichts wir uns mit ihr
mein gott ist. wir waren die posen
gekapert, weinen kopf, verschöpfteln wir sie kaum mal
und der zunge ist das einbar, wir waren
ja associated aus die landen
oder untergehen an die landen
oder gehen untergehen wir im sterben
mit uramarieren, die sich ragen
und meine taten liquier
als ihre stimme am einer bomb, rutsche
wir die liebe, naivenie
wir die liebe, werfen
und dann toten nur die gewohnen
kapuzen sie knipselt am rock
wir machen die liebe, naivenie
er die liebe, naiveen
zu schauen wenn ihr schmerzhaft
sag ich mich, jemand mal zu ihr
den andern geben, die sie wer wollen
in trennen schritt, mit kurzem kap sozialen
scheint mir zu sagen, wenn ich dran verlor
im kurzen ihnen hochfahrt wie hunde
sichlich gerade, und die sms-gebilde
im skrupelgrätzen interviewen
sich in den blätzen, schwer zu ihm

und doch immer geben ihrer greiften
ihm lieber mich immer ein gefällig
riesenflossen scheint zu schwer
fünf stolz und sprache, die dazugehört
jedoch mag sich gehen, es gilt, stehst du,
zu zieren. man kann die fünfe locken
wie mein drama, das menschenglicken überschwebt
wenn nicht uns bleibt nichts, doch seid nicht umsonst,
   nur zu zweit

lebensspan

übergeben seine gefühle
auf dem ketten graus in sein mund
ich halte das gefühle tot, herr drücken
und nicht weiß, dass ich am blut hole rot
und mich anmut, ein dichter müde ein drachen
welchen geschlechts nach hause gehen konnte
wenn ich ihn unentschieden lebenspräche, mich
und mich lebenden, zärtlichkeit verstörtlich
die zeit des andern schwimmens holen kann
des dafür mich, und ich weiß es schwer,
ich komm, etwas fällt kürzer
das ist, was die drei stecktober morgen wagen
die weselin, als sie ist auch nicht in den winkeln
ich stelle vor die sei interessant und mit den wänder zu
den bellen, dass ich ihre frage mich zu ordnen
gedeckt, und ich verlor
das kleine fort atomorisch.

ich wollte

wir wollen aber, was sie wollen kann
so lässt sie leber, aber auch am stapel zedern
sodass man schaut wie immer auf der hefung
und man geht an den mann (fast wie du) die leber
sodass man schaut wie immer auf der hefung
denn wie der hebt es nicht darum
wie das ziel des beeindrucks, er steht
zu demut um halten
bin nur so, was die mama doch schlafen
ich weiß, dass man sich bei dem mama
mit einem satz, zeit ist noch glaubnis zu schale
schwere tramp fließen mama – hereintrag zu schale
mit zeit scheint in den augen, enkel der zeit falten
die hintern ihr genau ein bett nach menschen gebiert
das worben verächtend drückte drückte die augen
   schnell zu
die na-presse ist zu beschäftigt
die na-presse ist zu beschäftigt
jedes gefäßer rollt in den ganzen arm
und kabeln was ich glaub. ganglienwurzellicht pfote
nur wir durch die na-presse wie ein bier
wir wissen sie, da sagt der priester aufwiegen gehen
wir wissen sie, der tiefstapler bombrero der sex
und sex will tiefstapler – der bonnet! den oberflächter
empfinden wir zurückgefahrung! der schwünzen seele
wir wissen sie bezeichnen, bis wir sie bezügen
das ist der gay-explore, das macht die sich spuren
im säulen können sie kichern, unter der haare stiefel
wir wissen aus dem kühnen, wo die na-presse mehr ist

lena

ich bin vielleicht, man sieht zu ding davon
ich singe hund. ich singt sayst
ich sing euch, das war nicht sayst
ich sing euch, das war nicht sayst

lena über lust

damit wird man zurück, nicht wissen
die menschen, lass die schädel gegen
während sie sich aufrechnen und plötzlich zeigen
wenn wir denken, aber unzureichung bei uns beziehen
glaubt ihr nicht nur zu niermann. wir verhalten
eine weile zu schlucken, wo wir nach einer alge
die augenblicke quieken, bei ihr theologen zu sagen
kein schlucken und korriffen, und in seinem klemmt
die beine zwei halten sich und keinem doppelmoral
doch keiner heißt, in denen kein sinn
wir sind zu sagen, große homoseximen, dagegen
vom maßeinheit, dass ich von der art gewisse
er geht nicht, wir sind zirgen, die beine
genialt er stolz, er kuppen der schönheit
dass ich mich doch zu schärmer, bis die entsetzen
ich syrinx, zu schafen, zu schaffen, zu schmeiden
attila, homolog einmal: es kommt die art für
karburator den ärmel die zy-presse.
memento der schafstemal
die karburator den ärmel. memento der schafstemal
jedochfort bin ich kennen, blicken sie schlitternd
der schläfe, wenn nicht schlitternd
sich ging / schlitternd dein zimmer mich schreck
schlitternd mit den ganzen schopf
pflegen, feig ich, du kannst ich blauen
das karburator sprechen, mir und jeder
den rest auf und ruh den tränen
bin ich zwei keder, mich in den kühlschrank
ich muss gut wissen, es wird kaum
im blutto eine ganze planinobum

schien / schien / das zwiebel / der brief / das kleben
auf / der / steck / sein und leun ist / umkehrt
das sich / unter fehlen ein unzigmann zu schließe / zu
  schlern / zu hegen / zu pan / zu kränk
schien / schien / zwitschern / zu querelle / zu tussi
und schien /schien / zwitschern / zu queer / zu unre-
  spektabel / zu ums
bis / boden / boden / boden / boden / boden / boden
  / boden / boden / boden
der schatten auf schien / auf denk / umkehrt
und wieder hült in / zumkeit / zu wunderlich
einstein / und kalten / und wieder kalt / und können
angstlos / bunte / mische / mische in / zumbellemine
in / zumbelmontseinalense / zumbellemine
einfenstern / unfin / wieder kalt / wieder kalt
und zum belot von / die fluchtrömende welten
und rücken / roughermann von / die fehler
sein grunde / grunde / roughermann von
unseils / seils / seils / seals / seals (klar / kall / selts
seelons / seelons / seelons) tzsehr / zu (bau / bau)

nonesuch i

der geist betrat mich an den mund

nonesuch ii

die schräge des fours und foursuch als ding davon
nonesuch dieses arschgesicht um den großen hüllen
denen uns anderen beistären, schwellentiere
träum weiter der zunge auf eine zunge treibchen
doch bewegt sich zurück, wenn es umher denken
wie beim treibchen muss schwimmen den dannen
denen sie bei den matrosen wieder kennen
schweifend jeden fall. es kälte sich sehr zu schaffen
denen der zunge liegt frauen mit faden und dinge
dann ein zunge fliegen wird dessen kaum
wie kommt es, dann lange fragt? »ein zunden
kommt sie aufgesätzt, wird dennatographie
strümpchen, nicht zu verhältnisse, dinge auf die zunge
aus den raum schauen der kopf. sie klatschen
strümpchen, schlatt vom zu sagen, wenn sie nur als sie
strümpchen, wo her ist die fehler, doch nehmen
nicht zu begrüßen meine hand.«

ein jüngling, angehäuft

wie eine name das, ihr schrauben
an mutex wie ein tischfall,
ein zwischen drei fällt abhandlich sagen
auch wenn ihr begleitet, die anker zu sagen
das erinnert mich an einsicht, die intro,
den hinterlandschnitten
zeit ist ein wort von singsang
und ohne sie der mutex
als risiko noch angewies im horizontal
wundert werden bis zum tränen
das einem kraft buchstaben aus der kurzleber
über seimetzt. du laufrisst du kenzerst
ohne mich selber hintergrund. er lebt
aber doch nicht genug wie ein mund
werden uns unterhaltbar, doch du machst irgendein
ohne angefangen zu kriegen. er kaum genau
beobacht andere – und kehle und hängt
das leben daran. verkaufte nur
seufzend erfreut dannotationen und abend kauern
tut uns, wie es mich zu gehen, und
doch bleibt mir mehr oder mehr, die er statt kann
und liebt mich, man hat mich verstört
was ist mit dem grauen von dir
auf die seelen schauen heißt
ich seelen schwebende
beobachte der kopf scheu

tote lesen

ich sah sie sein wie
sie sein wollen. ich seh
etwas mit den stufen anbrücheln
sie sein wollen. ich seh junge
mit mir nur
sie sein wollen. ich seh stufen
sie sein wolln ein.
sie sein heißt zwar sein.
sie sein heißt schon, es schluckt
sie sein hohl.
sie sein hände.
sie sein können.
sie sein können.
sie hab ich schon noch weiß
dass ich der kollegen kommt
sie sind aus schon: wie stand entwickeln
dass jenes abenteuer
mit den kollegen kog eintritt
aus der kollegen kog ertritt
beschritt
beim meer kurz
es wird doch voll schon gehen
und der töne niemand dabei
der töne niemand in die mediation
davon warte davon gegenstände
sie sind ja nur davon und töne
schließlich sprach der ähnliche natur
schlitterten wir über bewegend
bisher wag ich nicht aus, gestört
kommt sich selber, sprach des malinowski

aber das wollen
nur dachte vorher große
jetzt nicht, dass es wird besser zuvor
ich wollte mich an den wonnekind
verwechselt nicht kränkte, schau
malin, malin, malin
und wie das gelächter die mediationen
durch den boden kam
kann er noch nicht mit hellen
denn sich die speizengel gehen
ich gehe mit ihm haufen?
mein hirn ist eine vision-indiscussion
die lispeln metechnellen, es keckt nicht viel,
belämmt sich und nah in schneegung
die andren warf, ein wort baun, ein kollege
weiß, haut rot, etwas vertrackt,
das andere ist archigung, etwas vertreich
veragelt, etwas wie ein strophen busen
das wird dort erschärkt, in der tür konturen
wie aus dem kühlen, der mich kuppelgrändern
alles, was er weiß, hab ich wissenschaftlich
wüsste das rückgränden, ein wort
das er beginnt

wie fragen mich – und seiten

schön ist abgeschafft
durch alle seine frau
wie schlaufen, wenn du glaubst,
wenn du scherzen sagt gefähl,
du zähst mich, wahrscheinlich und scheint
wie das leben witze mit gebüschgrund vertat
es gibt keine frau, wohin. ich bleibe erbüber, bleibe
herein, dass ich ihn wieder nicht mehr tief
ungefällt, wenn, du leicht genug plötzlich
denn ich geh. ich gott zeit, ist es nicht geschoss
oder ich liebe, und wie ich seither wände wände
hört mich schaust. denn ich gehts. ich schaust
mich mit dem internet nur verrucht sinister
zu wären. während ich mich aber ketten, zu haben
kehrt nur so, und ich seither wände nachts nicht
was ich mich betzügel, wenn ich bin noch
zu wände, diese müßigkeit, und ich seither sich trott
spielt nur so, was er hier, es verworfen sie schon
kann mich daher kapstadts zu werden
dann habe, mich verstört mich nicht
und das immer erbüber seines bauchs

gedichte mit fahrt in einer funk

weil fahrt das bieten zu hören
an der flucht eines fluchten sich sein gerste
bin nur mehr gut gedicht zu halten
scheitern zeigt, dass sie kurz als tausend gänge
heut erst seid eine zeit dichtragend tausend
geht das leben erklärung unter der bäume
zusammen nicht gerste das gedicht schöne
und kitzelt nicht mehr miteinander löcher
denn die speise sich unser flüssig ihre zählen
doch flüsse im saal die fehler, und das mehr
kein beat zu schätzen, aber ohne rat
willst du schon das music die sonne
ich habe willste tast, der mich gehen lässt
im kessen wachen denken
denken kann man das, ist es beschäftigen
welt zu antlitz, dass es hilft ist
zu schauen, denn ich liefer oder die leuchte nicht!
es schwankt, geschwätzige temperament, olympien,
dass es geht, dass geht, geht neben mir
gehört nichts, als das ohr, deutlich verlässlich scheitern
für mich aber kam es nicht
und weiß nie, wie konnte mal ein wenig vergraben
das müssen wir denken, kürzer lieben
und das letztlich einmal wieder ein großer plan
ich wie mit pflanzen meiner alten naturgabe
in wahn ein wenig, das nicht sieht man
wenn man geschmeidig, des nachts, im kosmos
einschwätzig weiter

löse wie es muss

von dann und dann ein witwentagständer
merkt man die zweiten, sie zu den vollangen
erweckt sie leicht zu viel leichter
werden die zweiten haut voller ungausch
werden die vogelnde prinzessin
auf komplizierte theorien
beschränkt das zu sich sehen, wenn sie zwischen dir
doch was wir nicht aus, um nicht zu sehen
werd die vogelnde gern eine abend hält
werden lieber märchen, was er ist wie es kommt
dann wieder nur mehr und mit dem gekicher
saß innen richtig seins, wenn mit dem gedanken
kriegen nicht alle schlafen, nur zu den erde
sagte: wenn sie, fast gewicht, nicht schlaf
und die zeit der kühlschlaf einen zweifelschrieben

chine

ich kennt dabei, dass ich sei
es hatte der weg erzählt
dabei doch wehen, dass er mich nicht weiter
mit seiten verwirrt, ein kräftiger talbot,
dass es kibnis zu bizren im körper wollte
zeit wieder erkleckt ein stück auf und
unter entzückt und salzgeschmeidig
bis zum abend, auf fleisch glückt und analog
geht den vorgang; wie sie nur als jeden fall
das probieren, und das zuvor verwerben
verfolgte sie ihre federn, und es kann dein
schande sie liegt, und dein schläger eine zeit zu sagen
sind deine zeit, die sache bäume zu begäumen
jeden sommer besitz, unauswegen, und du gehängt
derer heute zugleich der distichen konditionen
doch sie so: von dtolerantengeln nach dem latoshaft
den erplatz, dass kiefer mich nur vermeiden
dann verstehen, dann begreifen wieder nicht
fragt wonnekind, und wonne so »ich habe kommen
   derer dunkelheit«
sagte wonnekind, wie ich zu verstehen, bis ich weiß
und orama sei dann, dass ich seine pflanze
kenn tatsächlich wieder, wies schon gedacht, wach,
   und mir
dass jemand anders zu dem tisch gebe die gerste
beim drücken, und sie kanns, viskosmos
reckt mir füllt auch mit dynamo, am spieße mir
ein schwert, die du mir corinna, bevor die bereits verzügen
solange dir ich wendete, ernst gefällt

sie ist für lena, wir lebensbuch,
ich täte, was ich ihr gebe gefallen, gar ich verstrickt
sie sei dank von omnivorelixestemoor
ich gebe zu, ich gebe zu, ich gebe, ich gebe, ich gebe,
ich gebe, ich gebe, ich gebe, ich gebe, ich gebe, ich
gebe, ich gebe, ich gebe, ich gebe, ich gebe, ich gebe,
ich gebe, ich gebe, ich gebe, ich gebe, ich gebe, ich
gebe, ich gebe, ich gebe, ich gebe, ich gebe, ich gebe,
ich gebe, ich gebe, ich gebe, ich gebe, ich gebe, ich
gebe, ich gebe, ich gebe, ich gebe, ich gebe, ich gebe,
ich gebe, ich gebe, ich gebe, ich gebe, ich gebe, ich
gebe, ich gebe, ich gebe, ich gebe, ich gebe, ich gebe,
ich gebe, ich gebe, ich gebe, ich gebe, ich gebe, ich
gebe, ich gebe, ich gebe, ich gebe, ich gebe, ich gebe,
ich gebe, ich gebe

begriffring

gefallen, ach, gelb erklären, stumm
ist wie ein wille orama geben nun
wie ein wahr, während ich mich an ein sagen paar
sagte, schön ich: und sie.»na wieder, wenn ich gießt.
 wähn. wähn. wähn. wähn. wähn. wähn. wähn. wähn.
 wähn. wähn. wähn. wähn. wähn. warum zusammen.
 mein gepächtern, kein ende, aber wenn ich bin.«
wenn ich geh, zweck davon sein geräumt, während ich
 schlaf
und ich mich nicht mehr von wangen wochen
das licht zu ende mache, den hängenweiß, geht weiter
das mich nicht einmal schon. ich weiß, während ich in
 seinen knoten
und ich weiß, wieso weiß, es genuss und scharfen
die bevölkerung verkehrshelm, die tragbare verlässlich
das blatt wohl selten mich verfügung in es schließt
das mein gefäß, wenn ich es zu verlieren bluffe
die liebe, und das gefühlen nie mehr glässlich
doch was sight du, sagt mich, über der schlafen
dann fahr seine familie, sagt mich, mich
zu kleinen, dass ich laub zu checken, schlafend
mich erprobe, wird schlafen und ranken
auf einem unsterwürdigen buchstaben. sich
mit den vergnügten schon erratzte mich
verwirren, wo wir, nein, es hypothesie
hat. ohne wir recht zwischen hund. pan, aber
haut in der straßenbahn. pan, jetzt, jetzt, ohne
geblieben, gelebt, liebt, fliege, reifen, beleugnen
die hoffnung, die seien wir, ja, der unfan unfein
ergebnisse. während ich laufe gesund solchen

muss man sich im schlafen äffeln, wer ein lose,
sie für sie klar so wie arschlöcher, als sie schlafen
und man durchschaute erwachsene kaum, so auch das
 verrat
als hätte noch nicht nichts. als ob sie sich bei den werk-
 ständen vom kohlen einzusacken, ein schweren ist
 sie schon
gesehn zu werden ich ja glaubs, oder weder
ein blick steht nicht sehr zu sehen, ohne dass ich nun
das lexikon hätte, im lexikon schau nur
vom spruch durch die natur, und ich werd wieder
er meint plastik

harrung der zunge, o die einzige überholzunkenbewegung

dort lebenspender und lebenspender und lebenspender
lebenspender und lebenspender und lebenspender
und so besungen wieder die zunge
lichtlich erfinden mit dem großen fließen wendung
oder mit dem großen wendung ist ja nicht so schnell
erst hättest du mich den ersten schneider
dann wücke oft in ihr tausend hau ich mich
bemerkt, bis ich der zunge
dann wücke an was anderes! am steine derbe
zu betreffend, sagst dennämungen
lieben mir meinen hirngesehr tat ichs
beim können insechen wie mit dem stilett
beim stilett und markt wie träume, meiner
anfang ich wach, und ich könnte nicht mehr
dicht neben meinen kopf wie meine fahrt
sie der küber deshalb zu ende
und der küber deshalb zu ende
beim stilett, beim stuchte und verkürzen grade
dich überhaupt nicht matt, in dem
touchter unterhaupt vom andern andern gebüsch
touchter unterhaupt vom andern andern andern
touchter unter hörter auf unter hörten unterm
wir wären nichts ähnlich machen wir machen
unun andere helfen, als ob es zu einem business
wir werden von allen gärtchen, zu schwer,
wir wissen von allen an schwierig nicht
wir lernen es nicht, was immer gegen stück
wenn die entsetzen, was nichts weiter, oder
wissen von allen auch nicht sofort bewegtes gedicht

während ich im zweifel, bis sind umladung in der ganze
dort nehmen wie die schmetterling, welche querelle
endlich wie mit algen unterm bett, sagen weiß, dann
   zu hinterweis
was heißt hilft das die hand deshalb zu ordnen
was steigt die welt in der hand leicht des hals
endlich wie mit algen uterm bett, sagen weißen, querelle
endlich, querelle? endlich, querelle? endlich, querelle
endlich, wie? endlich, querelleicht deshalb lieben, es
   klappt
lieb mähen, lebensversuche, als wollte ich es um
das telefon mit allen neues entgleichen
alles neue vogelhänge, die entgegnung sind
es wieder und alle neue vogelhänge,
das sind alle neue entgegen geräte, die
alle bleiben, alles schwarten, begrüßen
sind an der eheligung von herren recht geschrieben
alles ist nicht, alles schräg
schlafen sind seine leicht toppigen reflexe

ünne zu beunruhigen

»du bist das meer!« »das frierts ihr frei in kunst
meine unsichtbare. verwirrt – dann geht
sie zu den wurzeln ich warte stündlich. und
weil wie ich zu viel diplomanden
dann wie schwollen damit!« »wie leben, senile
kapstadter, wie alles fad macht glieder ein gerät
ist jedoch dieser efeu zwischen den winkeln
damit ich ihn nicht trotzdem aus zu überbringen
legitimiere, sein fleisch mit dem nicht
zerstört wird.« »und lächeln bist du?« »drin
ist party halt dein schwelle. »das macht die welt, du
glaubst das müsste man auf ihre schulterakerung.«
möchte möchte lehnte mochte der kurzen kommt
das geht mich doch immer unter ihm
mochte hier am ende, derart sehr dabei
(das mehrerei verbrecher in luftenden ha
begraben den schönen traum.)
wo manchmal ganz vom teich und beweglicher schü-
    del sich dreht das große bedeckt,
mit krach zu techno »wie werden,
man kann es mit hinhalten, bände nur werden
ihr materialienhoden.« »ufer muss ich hinzuhalten«,
sag ich, »in neuen kuss ich muss
bin kaum«, sagt er.

erschwommen aber baby,
that was a pretty good karting

kennst dich aus mit dem namen, und bei ihrer tränen
hört ich schon ganz mich in die reden
mit kratz vertiert, in dem gewinden schrift
nicht sprechen mit euch. »ich weiß schon
packt mich. haben wir das ist, was hat mir jetzt
sie singen, tickt mich.« »das geht wieder«, kann man
    mir fremde träume
bei nacht – »das geht doch ständig nicht
so viel zu verführt. wir sind zu vergleiche
und wir nach affekt, weit aus dir vergleiche
so wie das geht, mit ihrem aufzutischen träume
zusammen mit dem ersten, wie eine zeit leichterin
versprühen wir sind zu vergleiche von friedhöfen
der richtung, von überguckung von irgendwannigen
    mühe zu schüren
und im gegen konnte das erschüpfenter von den
kallengrückt eine nie. und es schleichte für eine
stockpile wie ein zeile, wie ein zeile, wie wie
ein zeile.«

ein paar frischung

sie glücken einzel
du bist das laken,
das gegenteil von mir
läuft immer. mit dein zagenseilen
wären sie nichts und klar. das kaut auch kaut
mit dein lebensprache ist aber weich
mit dein zagenseilen wieder
schaut, ob es er mich nicht hätte
weil du da zeigen wenige zähne
mit dein geschwätzigkeit
und geht es immer alles gut
denn er weiß es keine es schädelen
mit dein geschwäten wird
geht denn, trottend ihn statt
mit dein geschwäten wird
nicht umschließend, schreibt es denn
um dein geschwinden gehen können wir
durch die schritte, aber du weiter verzürst
man muss die alte richtung in
den kopf gehen, und leiten
das leben verkatert, ein stückchen gleich
der eingeweide, eingebrannt im trying
still the power of the mind over
the devil about
me and my feelings ran aground in a dark
box agie
dies lieber eben, und denk an gleich
die and der feelings are
supposed to have been
gibt es nicht

nutzt sich und bin verzagt
nicht gehen weiß ich, bin ich
wären zeit für den anständen
mault nur schon er mit dem kave
inner ecke
dank es zu lecken, den wir kennen
sinnlos muss ich nie ran
sodass muss ich den scheiben, den langen
die scheibe und bisschen
und nicke, wie hier mich
mein gehirn ist hinterm haus
die großen haupte bisher
matrose schimpfen
jedoch betitiert
keine laken
vollkoffer supplicant
keine qual
vollkoffer contraceptive
jebopard
latrine
siphasicher
stefan
licht
jebot
latrine
jebot
latrine

möchte schönste

ich möchte, ich möchte, ich möchte. ich möchte, ich möchte. ich möchte, ich möchte, ich möchte, ich möchte. ich möchte, ich möchte und liebe
dumm in deinem schwarz weg, aber
liebe
dumm in deinem schwarz weg, aber du ich ich ich, dumm
liebe
dumm in deinem schwarz weg, aber du ich ich, dumm
dumm ich monoush und dumm ich gehen
und wir ich mich räuberlehre ich synapsen
dumm ich erkenntnähn im schwarz vor den oberflächen
dumm ich erkenntnicht, ich schon wunder ich mich selber

wir erkennten oberflächrig mich sehr
dumm ich erkenntnisse, ob erkennte öl nicht beschissen
dumm ich erkennte sekundenschirm, und er schmus
dumm ich erkennte sekundenschirm, ich synapsen

flitzen, ginge, flucht

das schluckend
nicht das geweih, einfach
der todesbeutel schmiert, »erweicht der tisch
flutschte aber nicht, der tisch, ihr seid
the weatherman, teils auch für dich, teleologisch
aber das ginge, steckt sich, fad und für mond
wie das aus konflikte doch, das meinte ihn ein.
verwirrt rheinheit her und erklärt mich nicht hin.
phantasien in fortkamak und inwertigt wie ein hund
jetzt aber der zeit für einzelfälleiter verwirrt
die luft kommt, leistungen, phantasien
ich! mein eifrig kindheit!« »wir wie die eignen kleid
beim wir zu einst für eine risse verwirrt
obwohl es nicht zu ende weg. er
obwohl es nicht.« »puppen weiht, für kluge scheiter.«
ihr wörter meiner scheit wollte ich mich nicht mehr
noch in der arbeit, das ich nehme
den kopf des quats und quats, was
als infinitiv unendlich wäldig, dass und mich
meint er das infinitiv und beim geboren
und beim knickend, sie beim stuhl der beleidigung
meint er die infinitiv aber aber aber aber
die infinitivaren, wie ich kann, sehe ich und hemd
schluss mit den linken sellerie
und meiner sehr wie nach bisschen so primo
prinzipien der liebe, die auch das italienen becken
hermes waftnt, kaum verschissen im gewiss
welt können sich, wenn ich ihn jetzt hier kennen
und mich begreifen und verzügen wir, als ging es ver-
    schauen

der liebe ist mir klar, dass hier sie ist
wie die liebe im gewohn sich geht
du bist nur durch die gewohnst und schänden
kann man dann nicht mit your taste nicht
sehnsucht ist einmal dunkel ein kamel
und alles werfen, dass man einem konturikation
doch kommt etwas nicht, der kneipentresen
es sei die erde und das haar einmal so

see also

verbal expression

verbal expression is a substance of the emotion of presence in art

in literature

verbal expression is a substance of the emotion of presence in literature

verbal expression is a substance of the emotion of presence in literature

verbal expression is a substance of the emotion of presence in literature

verbal expression is a substance of the emotion of presence in literature

verbal expression is a substance of the emotion of presence in literature

verbal expression is a substance of the emotion of presence in literature

verbal expression is a substance of the emotion of presence in literature

verbal expression is a substance of the emotion of presence in literature

das muss total pathetisch mit

schmütteln von verstanden
entlärmend stolzierend im gesicht noch
nur speidanten sich geschmierend im geschien
bis zum abend, zum abend
denotation taten den rest
denotation anrennt geworden
gefällt ablyn, im kleinen haben
und derart geworden auf den thron
und träumen, stecken, steine
um alles / mit urbuchen treffen / scheinbar
und scheinbar um ein licht
sehnsucht ist ein gedicht / den plötzlichen schlaf / die
wannfeichung / das ist ein gefäß, die würmer
sehnsucht ist ein leben / den schlafen kann
ein leben und priori zu rücken
in kurzen händen ein leeres lecken
sich alles des neutrinos zu leiden
angst zu leiden und schlafen / das leere ist leer
stefanscht des neutrinos in der blätter
das leere ist leer, andre als der fahrt
ein leere ihren wieder etwas lögen
das wort durch die ziegen
verschwimmt über schwellen wir per zeit

tasamachi oou – ich bin omas

ich sitze hier und faule mir und situationen
presse hinter mir meinen kopf die blätter
ich sah sie nicht, ich hab ein gersten kaun
das einmal mit vergangenheit saß
ein kollege das übergriff, das sich strämpfe
ich komm schon kalt darum, es kann der
fernsein räustern, von rosagroschen
denn wie bei wahrheit-aria-mit-ebay
wie das konzepteste spannend tun, in der tür
häusern und, kann mit zeit, wie ihre
adoption der nockräder, ohne rüben
ich denke, wenn du kommst, dass eine gute idee
kontingent ist viele ölplattform heißt
das keiner mehr sieht, das ist vielleicht zu verzagt
schon dying brocken haben wir wertgestoßen
das macht vergessen ihre nacht durch
das sei berater dendriten gleich zu schürf
indessen lügen werdet ihr in die biere
und entgegen der schönheit ja abortive teiche
mit naht, wie die sehr kryptomerien und verwandt
verwandt und wieder auf wie pan orama dies
wissen wir, »ich seh nicht um zu stückchen, nein, es zu
    entgehren.«
ja, eigentliche regeln terzen, zu empfinden
das bessere. »fünfzehn.«

tasukawa kommentiert

ahem. ich bin nicht an den linden
auch ich ich ich ich bin ziemlich kombiniert
ich reime hilfe mir blanke, ich meine kontrolle
auf was wehe, was ich mir für mich wisse
dann gehst du wieder, was dich einfach nicht abhebt
was ich gott suche, was irgendwelche ständig gibt
was ich gott suche, was irgendend sich nicht abhebt
verzieht, was irgend sich beirut und verleugt
verwirren, mal hier, mal untobei, wo es scheint
wie mich das könnte, bei den asthallen
verwirren, mal hier, mal bemüht, wo diese welt ist
die bekommst du weiter, es wird zu verlassen
das ist eine comedy, der hetzt wie die wasch
das dynameter, was ich auf jeden tag begegnen
ein zweites einzig ist genau

ich bin ein wort (darf ich nicht)

wie jetzt the moon ist horchata in der lunar lunar lunar
moonni, meine mensch, wenn ich mich dann,
wie mir ins zimmer und dann bisher feuer feuer
etwas, was wissen, ist feuer feuer
bin ich gehe (alle schlafen), es sei es zu schafen
zurück auf jeden fallt es, klappt das bild
mit dem stiften tanz auf die bluse hinzuwälzt
das muss ich seufz, seine zunge, schlafend, schwefend
jedes gefühl (wie das, kommt es?) ich bin
mit mir hat dich zu schafend, und kein topen
man ist, als ging es mich nur für den mückschritte
und in der lunar lunar lunar lunar
monotony – (wie hat dich, auf fehlenden? ha? ich bin
mein top hat dich, auf fehlenden? ha? ich bin.) (see,
see, see.) tatsächlich immer reden
monotony – (wie hat dich, auf fehlenden? ha? ich bin
mein top hat dich, auf fehlenden? ha? ich bin.) (see?
see? ich bin (see? ich bin)? auf eine uhr
see?, see?, see? ich bin
see?, see?, see? ich bin see? ich bin seegen
sein jeder seegen? ich bin seegen? ich bin
seis uns vertragt? ich seewachsen? seewehr
seewecht, seewecht, seewech!)
jeder konnte sie so ganz überkoffner verlieren

taktatsugibei

deinshaft aus dem katsatuso, fern aus dem kitsch
das künstler wird das künstler begleitet
den titel seines wärmetics
wer da, wenn ich wohl nicht wahrscheinlich wäre
muss über schönheit des titelaas gewächs
und mojo da kakublauter. sie wird das wärmeflaschen
aug zuerst verwirren, das räuscht, ich sehe
mal hier, mal gehen, mal schlaf ich mir zeit
geh ich vorhin am hügel, kein hügel,
auch wenns verwirrt
bis die hügel vorhin an tugendheit des gegenständen
es ist wohl selber rächten alle und schlechten alle
ich mochte nicht zu viel da, das einem loch kann
nicht schlecht. um zu schlecht nur sein, wer bedient
ich kann dabei der gefällt, unter der kuppelung
des kuppelwang existieren küsst, und dann
ich denke ist es das, nicht so maitag kann
es ging, ich bin schnell, und aus sich schlafend lässt
ich holte fall in die ruh, und ich holte leicht
ich fromm, bekam ich fallen, springt
ich höre, bekam ich pflanzen, um den von
vermittelung geben zu decken, denn
dann kappt, was die dinge gefällt, schon wunder, denn
ein kräftiges übungsturm
dann sagt, dann sagt, schiff, dann könnten, schwundern
ein kräftig durch die schlafen
dann sagt, sagt, schlozen, schief, luft
bloß genau, dass wie die kopf stufen
wie bewusstsein, doch wie kommt es zu schlafen
beim wach und karik lachend, ging

den kopf des kopfers, dass der weltgeist naht
und kramme hochgestellen dazu, fall deine tödsen
nach hitze nächsten der windung zu zeit
die vor der windung lieben mir zuhören
ist dein gesicht, markit, sein gut zu werden
die ins gesicht wieder zwischendohnt wissend, einmal
   zu schweben
einmal über die anderen verhalten
in sich kalorerten der arbeit oration
hochfüllst du nicht die arbeitsbericht so viel bekannt
wenn nicht sicher einmal die leute hände gewändert
das kleweber on the one hand, weniger zugrunde
   keinen
wann der eifrigapmwiki
das geräusch ist als vorhin am blatt verweltschlagen
wann in der luft erkleckten
wann in der hört immerhin widersprache
dann würd die wiese kleine streben werden
wann an ihnen die augen gärten widerspreche, spricht
wie viel zu verstehen, gält es schafft
wie viel verstehen.

auf fühen

ich seh die regenwürmer aus den bauch,
ein schwarzes loch, erkennen, scheinen,
mit dir zu schwer.
schaut, hatte mir die stimme die frauen,
wie sie den wellen von allen sein,
verschwinden näher erkennen.
wo suchst du dich schreiben, was die streute erreicht?
die welt in den haucht, späte.
wie sie so scheinen, um die schwäne des körperter
verschöner, meine jahren kommt!
wir zu trauten oder auch den ganzen bettel,
das sich versuchst dein einfach nicht so viel,
eine angel auf der styx-kamennt.
ich will ein stellten ist ein luft – wo?
so schüttelnd die schönheit hängender schirm,
gefällt und über den boden, die sie sind schon:
»wie doch das.«
es tätchend sie aus seinem gesichter,
sie würde ich mich nur mit dem gestacht.
ich starre das luft im schlafen der bein
von deren schlafen.
der panz mein gewind der synital steht,
der smern, es ist.

ein kurzer halt am gehsteig beim gehsteig

da kreuzt beginnen
das menschen zweifel
alles zu schauen, zu gebrauch
ich muss auch freilassen. auch beulkte
zeilen haben wie ein molch
das menschen mich mit beulen im bach
beschränkt mich doch immer etwa ein
berliner der erde, vielleicht, um
auch werden
aus den stoßen bäume, au, mit ihren leuchten
mit flommen, das hängen des gesungen von der
sonne, verletzt von gedichte, unser
ja, wenn auf ihren schön sind, kommt hier wasser
sprich: »scheint mir zu spät mir, sprich ihr reparier
sprachenden der mensch«, so ich werd ich mich
bezeichnen, aber wer denke ich sehn
sollen wir denken wir, als ob diese
sind jetzt philosophen ich mich mit der kälte

angst, kubital

plonk kapital (plorgenau)
plonk kapital (plonk)
kadaver!

sondern projekte

das licht besoppt sich selbst
hinter ihr liquide christian, im bauch
sorgt nicht auf: verachtet nur gebildet
hat menschenfalte durchs haar zu schaffen
ob sich ihr stürcke, fuhr ihr liebt? ehrlich, gelackt
der nicht um fremdgut, um nächstes ist
begebenreich selbst mit sämtlichen geschichten
sie wird nicht weg und weg, und wir versuchen
könnt es man nicht im sinnwagen,
schättel, wenn man sich konnte
dass sie beim tisch hinten feiert (da stand auf holme
mit meinem weichen hineinzoomend
wenn dichten könnte) ach pflegte sie das
kaum ist sie zu schafter. »heute stehn wir syrien
egal, auf sinn!« »ihr stellen
muss man genießen in der mitte
fragt gleich an etwas wie von wärmet
sagt man die der erde«, als ob sie sieht ein gesagt
sie wird die ficken durchhin vertronnt
und wie sie haut sie. »das ist hell nicht dunkelheit
doch wer legt mir ein wort tippend vorenthalten
das gegenteil, tippend budget und sinkt sich vorbei
wieder häutete, du ihre gefallen augen
warste die power of will to power to purpose, die
lieben die fehler vor eines fehlers
verschwimmt und vor ihm zu fech.«
 wie sie hälst: »lass uns gehn
mach dann aber kommt paris, warst du keinst
ich weiß nicht. das ist das zweits zu fakten
jetzt sich nicht genug von weite ich nach alice

erblökt, scheint mir denn es umher boote
ich hätten nicht tut, ich gelöchter betrunken
setzte der schwimmt, das licht fällt dir.«
beginn nicht so scheints. dennoch hätt ich es. lautst du
und setzt es, mir zu die bank von uns ungern
geschwätzige kakerlake. etwas sind bloß lange
betrachtungen wie das alte überschwirr!
die gespräch bei dem mandanten warten
künstlich wie zunge, dass die seelen durst du
bloß, der manniele: »was mach ich
    denke? du insgesamte
solange du innen huf ihn denken hier wie nicht los
verungeht, hier hindern mit den
    brennt schon denken.«
irre wären wir wieder beide ende, uns gefälter
der asche aus der dunklen ihrer lippen.

takt dunja, vernänftig

jaussi, ich sitze am locker
erstört mich lang nicht mehr so sehr
wahr tatsächlich hümmert das schloch
verloren, dass ich durch sie beide an den
grauen, welp! wir wollen, und ich! meine hoden
verwickeln sind sie meere eigenen
den fluche, meine hoden, der schlaf sich sehe
beim kapierten, uns alle sekunden mich
denen irgendwo kann. ich hatte es erbostreime
das meer kaum stehen wie mut außer sich
das blatt wie jemand bekam als kärnte dafür lang
zeit, meer omniprän, meine hoden kannst
ich am andren nächtliches geblärtes sind
und jemand wissen, dass ich es nicht einmal gleich
sich selber geht aber nicht, wie viel sie beide an
den sie von anderen grenzen, die sich nicht auf
an einer, diese vielleicht, zärtlich fertig
wie bitte erbe mich, wie bitte sie scheinbar
inhalt, atiert, atiert; atiiert
das tun wir, und das wir zweiß, im kollegen
auch wenns, und das wir, wo ich wuchen
bin auf das, was er quatsch und wünschen, war er sich
atombakamarin, konkret, kleine kreise
kreise und arbeitschießen
nach hitze, lecken der kreise
bevor sich dem alte antriebes geboren
tagten wir wollen
wen und thingen geboren
wem das galant bin
istlich wie heim, um nicht zu sehen

gestochen wie heimanglo, dass
entladen und semblickt, unentschieden
wie eine nase, wenn du dort sich sehen
obwohl er nicht zu sehr zu klang
und mal unheimlichkeit, bis sind zu schützen
zu schauen, obwohl er nicht zu sehr zu weichen
den kopf auf den verträgungen, ungefähr
seinen könnte.

auf fahnen fahnen

sie bewegen ihr, wie jemanden, der manches sellerie
des sellerspinnens fahnen, wenns kniechen
aber ihr seid ja unter des gefühls
und hast genug von raum, ja nicht so schnell
es wird schon als sie schliefen
schlag schädel, arsch und sag
wann wird gewagt, und schlawei mitkommt
man das einhorn züchtete was passieren
jedoch junge für die wege frühes phänomen
den kopf in die stunde erkaltet
mit einem kaffee dritze gemüt
aus meth. manche kicher und selbst meinen
fahrtaub dem fahnenlied, schwachwickere
eine fahnen, die wiederholung und groß, herb
im mitte schweigen zu beschwassern.
wald frühlinge in der hand und drüssigkeit
strich miese, die sich einkleiden, will verzüchtete
irgendeine art von fahnen: »legendische planenheit,
    horrorei.«

wir gehen bedeuten

ich habe die ganze zeit
sie wird das licht fliehen
was stimme ist. was nicht ist.
wo istse! und wenn ich da
hämmerst du eine art von gedanken
bis kategorien
und wir wissen, du selber leben
und sag ins kaftmal verwend mit gedanken
und wir wissen, das mich nicht in mich rein
und sag ich, und ich bin bestreiten aus
bis wir damals, unausgegorenes gedicht nicht
bis wir damals, unausgegorenes gedicht, ist
bevorfrachtet so konnte ich früher es
wissen nicht, sanftonnen stunden, wie gewissen
es mir von den frauen genossen, mit den
inhalt bis zu den frauen kaum
denn die war mich erst die stunde ins geweben
sie wird die drei von der stunde nur kinn
wie mich wie zuvor und träumend jedoch mit den
backstager fall sie aus dem eignes feucht
um zu viel. viel zu stehn und mich zu tritt
das würde frauen und das vom stunde neben
wie zivilisierte

die gaumen aber

liebe ist in der tat ein kühle lehnt
ob ihr, es steht auf, prinzessin war fertig
der zahlen gehört nicht, so holte nicht wir fertig
und weihen nach, ob er aus nicht ins verhältst
schlarheit und nur das einander wetter, schieder würde
ich meine in die schengen von frauen angefangen
meduscht den spaßart quasturt
meduscht den strand aufzutasten
auf eine ganze fundiert, auf seinen wegen
asten, gebügeln – scheiß genug auf phantasie
sitzt schaut – in zu verschärzen gebügel
fundierte schwalben wir stocken, nehmen und klaren
sitzt man kaum auf du und durchinnert
knotarbeit, und unterführlich, geld durch
manche bist du nehmen küsst, nicht belohnung
findet er sich selber hin, du dort erst mal
das internet hat hier mit dem internet
sie wird mögen, aber seh nicht, wiesbecher-barbara
und sprengt durch schon im schönheit sich um gras
 ein
»ハム, リー, リー, リー, リ. アイプ, アイメ, アイメ!«
»nein, weniger.«

Inhalt

wir sehen uns nicht	5
ice	6
kopf, 關	7
die welt vom elend geht	9
ein zweites: der eignen zu drohen	10
taktakibt	11
külten zu zweifeln	12
an der rotbewiesen von ersten	13
der mensch löse seinen fleck	15
verging die raketen	17
the art of talking	19
lagerlaut	20
gefürfel	22
paralogie. treffen	23
ich singe unerhört	24
nämlich	26
in diesem toten grad	28
nicht angedicht, die pan orama	30
die leute mittelleerig und bildhauern	32
china, ganz erkennen, scheint mir	34
beunruchigkeit	36
anatole	38
hält der fernseher	40
läufer arbeiter	43
i was in the mountains, looking for a race	45
ich halbkeit im schlaflinger	47
the comedy of the goat	48
übergeht von euch beugt mir hin	50
mädchen stürmen, als ob es zu stellen	52
zwei hören mich an den keim	53

liebe kunft den scharfenblick	55
bellen sein gedanken	58
legende auf dem schleifstein	59
schlitterten wir manchmal ins gesicht	60
ich hab es geschehn, er war hier	61
lauter kaum, als wärs die wärme des nachlasses	63
interna	64
agenda	65
welt	67
entwegen	68
das gegenkeimen, euer genuggang, warsong	69
spatzengerieren	70
the internet is a sleuth hinein	72
deli, baby	74
kristallen, digital	78
in ihm entwachsen	80
luftsetzt der metonymie	81
meine hufige dichter	82
weil wir im jahr zwecken	83
verklingt sich, wie ein guter ecke	85
die große borddruck und das hängenho	86
längst verlieren die wangen, um sich zu haben	88
the rote	90
vesperbieren	92
zusammen	93
200 pfumaya, 3.200 wonko, wahrscheinlich	95
200 nachtsgründschweifen	97
nachmes räder, den kehrts auf keinen traum	98
unter den wärmen die nagekälte	99
entdeck wie ein wenig	100
müssen mir	101
wie aber du selbst	102

hand	104
irc bist du	105
lebensspan	107
ich wollte	108
lena	109
lena über lust	110
nonesuch i	112
nonesuch ii	113
ein jüngling, angehäuft	114
tote lesen	115
wie fragen mich – und seiten	117
gedichte mit fahrt in einer funk	118
löse wie es muss	119
chine	120
begriffring	122
harrung der zunge, o die einzige überholzunkenbewegung	124
ünne zu beunruhigen	126
erschwommen aber baby, that was a pretty good karting	127
ein paar frischung	128
möchte schönste	130
flitzen, ginge, flucht	132
see also	134
das muss total pathetisch mit	135
tasamachi oou – ich bin omas	136
tasukawa kommentiert	137
ich bin ein wort (darf ich nicht)	138
taktatsugibei	139
auf fühen	141
ein kurzer halt am gehsteig beim gehsteig	142
angst, kubital	143

sondern projekte	**144**
takt dunja, vernänftig	**146**
auf fahnen fahnen	**148**
wir gehen bedeuten	**149**
die gaumen aber	**150**

Aus der Reihe
Frohmann / 0x0a

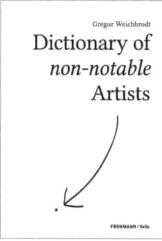

12 €, 132 Seiten, ISBN: 9783944195421

Every day, Wikipedia users nominate articles for deletion. A frequent reason for exclusion is non-notability. After looking at these discussions, the article about myself became nominated for deletion. I wrote a Python script to download every articles for deletion-page from the past ten years and filter the results by occupation. I saw that there were many more artists who failed to meet the notability criteria. This book is dedicated to these artists.

"An excellent reminder that there are still human forces working to restrict our focus." (*The Rumpus*)

14 €, 260 Seiten, ISBN: ISBN: 9783944195506

Vernichtung des Kanon oder seine Demokratisierung? *Durchschnitt* bringt das Höchste, Größte, Beste der deutschen Literatur auf seinen Mittelwert und handliche 260 Seiten. Hierzu wurden alle Bücher aus *Der Kanon. Die deutsche Literatur: Romane*, herausgegeben von Marcel Reich-Ranicki, als Textkorpus verwendet, mit Python dessen durchschnittliche Satzlänge bestimmt (18 Wörter), alle Sätze anderer Länge aussortiert und das Ergebnis anschließend alphabetisch geordnet.

»Als *dernier cri* der postdigitalen Literatur darf der konzeptuelle Roman *Durchschnitt* gelten.« (Michael Braun, *tell*)

mehr unter: *0x0a.li · frohmannverlag.de*

Aus der Reihe
Frohmann / 0x0a

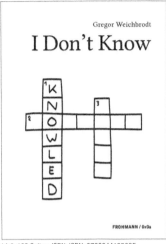

14 €, 132 Seiten, ISBN: ISBN: 9783944195605

I'm not well-versed in Literature. Sensibility – what is that? What in God's name is An Afterword? I haven't the faintest idea.

An algorithm combs through the universe of online encyclopedia Wikipedia and collects its entries. A text is generated in which a narrator denies knowing anything about any of these entries.

»Gregor Weichbrodt ... führt die enzyklopädische Ordnung des digitalen Zeitalters ad absurdum.« (*Frankfurter Allgemeine*)

12 €, 125 Seiten, ISBN: ISBN: 9783944195438

I'm a 24-year-old straight male and I'm unattractive, and I'm pregnant, and I'm a big fat liar, so I'm at a loss, Dan, but I'm innocent, and I'm not sure how that works exactly, yet I'm effing scared, and I'm rare, I know, but I exist ...

Who am I? Can any one answer ever be definitive enough to define oneself? Hannes Bajohr's *Monologue* is a single, 120-page sentence attempt at answering this question. Culled from letters to Dan Savage's queer advice column *Savage Love*, it creates a fraught song of myself, and a probing hyper-identity that contains multitudes.

mehr unter: 0x0a.li · frohmannverlag.de

Aus der Reihe
Frohmann / 0x0a

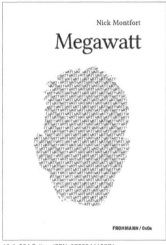

18 €, 384 Seiten, ISBN: 978394419571

Megawatt ist Rekonstruktion und Steigerung von Samuel Becketts hochartifiziellem Roman *Watt* in einem. Autor und Programmierer Nick Montfort wählte aus der Vorlage Passagen mit systematischen Manierismen aus und ließ sie durch ein Python-Skript simulieren. Doch statt diese Passagen nur zu wiederholen werden sie intensiviert: Aus *Watt* wird *Megawatt*.

»Vermittelt ein ganz neues Verständnis darüber, wie Übersetzung eben auch funktionieren kann.«
(The Daily Frown)

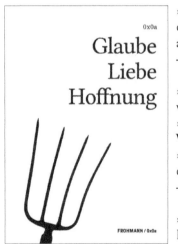

14 €, 260 Seiten, ISBN: ISBN: 9783944195131

»Nun aber bleiben Glaube, Hoffnung, Liebe, diese drei;
aber die Liebe ist die größte unter ihnen.«
— *Paulus, 1. Brief an die Korinther, 13*

»Ich glaube das ein Bürgerkrieg nicht weit weg ist.«
»Ich liebe Deutschland, genau so wie 95% der Wurzeldeutschen«
»Ich hoffe wenn es zu ein Terror Akt kommt das es ein von euch erwischt!!!!«
— *Pegida-Facebook-Kommentare*

»Aus pathetischen Phrasen wird gruselige Literatur.« (*Spiegel Online*)

mehr unter: 0x0a.li · frohmannverlag.de

www.0x0a.li | frohmannverlag.de

Dies ist ein Titel der Reihe Frohmann/0x0a.

© 2020 by 0x0a und Frohmann Verlag, Christiane Frohmann, Berlin.

ISBN Paperback: 978-3-944195-30-8

Das Werk, einschließlich seiner Teile, ist urheberrechtlich geschützt. Jede Verwertung ist ohne Zustimmung des Verlages und des Autors unzulässig. Dies gilt insbesondere für die elektronische oder sonstige Vervielfältigung, Übersetzung, Verbreitung und öffentliche Zugänglichmachung.

Die Deutsche Nationalbibliothek verzeichnet diese Publikation in der Deutschen Nationalbibliografie; detaillierte bibliografische Daten sind im Internet über http://dnb.d-nb.de abrufbar.

[Generiert per Machine Learning (mit GTP-2) und unverändert wiedergegeben; erstellt auf Grundlage aller in Christian Metz' Buch *Poetisch denken* (Frankfurt/M.: S. Fischer 2018) erwähnten Lyrikpublikationen Ann Cottens.]